U0596543

谢兴政 著

新时代
中国新闻传播学
教材建设研究

中国出版集团 东方出版中心

图书在版编目（CIP）数据

新时代中国新闻传播学教材建设研究 / 谢兴政著 .
上海：东方出版中心，2024. 11. — ISBN 978 - 7 - 5473
- 2588 - 9

Ⅰ. G219.2

中国国家版本馆 CIP 数据核字第 20244KN461 号

新时代中国新闻传播学教材建设研究

著　　者	谢兴政
责任编辑	朱荣所
助理编辑	王睿明
封面设计	钟　颖

出 版 人	陈义望
出版发行	东方出版中心
地　　址	上海市仙霞路345号
邮政编码	200336
电　　话	021-62417400
印 刷 者	上海万卷印刷股份有限公司

开　　本	890mm×1240mm 1/32
印　　张	9.25
字　　数	200千字
版　　次	2024年11月第1版
印　　次	2024年11月第1次印刷
定　　价	70.00元

版权所有　侵权必究

如图书有印装质量问题，请寄回本社出版部调换或拨打021-62597596联系。

序

米博华

　　非常欣喜甚至有些激动地通读了谢兴政同志推出的这部专著。欣喜的是，自复旦大学获批牵头建设高校新闻学国家教材建设重点研究基地后，我们在一起工作了将近三年。他先是在新闻学院博士后工作站工作，尔后作为基地骨干研究人员正式调入新闻学院。近几年，基地从草创到如今小有局面，兴政同志负责大量研究和行政工作，身兼数职，付出许多心血，包括脑力和体力、研究和教学，迎来和送往，辛苦异常。这几年，他聚精会神、专心致志投入新闻学教材研究，表现出良好的专业素养。我曾经主持基地工作，衷心感谢他付出的不懈努力。激动的是，在这部专著中，他展示出的出色研究能力，令我感到惊讶。他对这一极少有人涉足的领域，调研之深入、思考之细密、研判之独到，大大超出了我的想象。这使我不由地心生感慨：新生代知识分子的研究水平和发展潜力，让人刮目相看。

　　教材是教育之本。国家把新闻学教材作为重点研究课题放在首批建设的位置，足见其重要和紧迫。它既关乎教育水准的提高，更反映了国家对新闻教育导向的高度重视。

正如大家所知，从宽泛的意义上说，新闻传播学是信息时代发展最快、变化较大、影响甚广的一门专业。随着互联网日益发达，新闻传播已经深度融入人们的生活，与人们的衣食住行密切相关。同时，新闻传播又具有意识形态的政治属性，对大众认知、社会治理、价值观塑造乃至国家经济社会发展大局有着举足轻重的作用。或问，我们新闻传播学教育应当秉持怎样的理念，课堂应当向学生们传播怎样的观念，这些对国家现代化建设具有怎样的价值和意义？这是我们必须十分关注且不可忽视的问题。

《新时代中国新闻传播学教材建设研究》呈现了三个关键词："新时代""新闻传播学""教材研究"。题目很大，涉及很广，难度不小。我认为，这三个方面问题恰是紧关要节。

与以往时代不同，新时代以"百年变局"为背景，以中国式现代化为主题，展开了中国发展新的一页。从这样一个视角看，我国新闻事业已经进入一个融入并助推全球化进程的新阶段。不仅中国与世界的关系更为复杂，而且这种深刻变革，深度影响着中国社会的历史进程。我作为一个老新闻工作者，深感从理论到实践方面，都有许多未定之见和未决之问。我们必须认真应对许多新情况、新问题。本专著从"国家事权"的高度对理论、历史和现实逻辑进行了认真思考。

尽管发展和变革仍有许多不可定因素，但这部专著提供的研究视角和场域，当可大大提升我们的认知水平。

"中国新闻传播学"这一概念，伴随着中国式现代化日益成为本土新闻学教育的焦点。这就是，经过长期摸索实践，构建中国新闻传播学的任务自然而然地摆在我们面前。一方面，基于我国的基本国情，包括政体和国体，中国新闻传播有着鲜明的中国特色。同时，它又必须兼收并蓄，融入世界潮流。我们必须明确回答，怎样的新闻学教育才有利于中国的改革发展，才符合国家的根本利益和长远利益。没有放之四海而皆准的答案，我们只能立足中国实际，寻找恰当的答案。另一方面，新技术革命对新闻教育的影响既深且巨。我们几十年前形成的理论已经不能完全适用于新的形势。抱残守旧或拾遗补缺，无法占据教材建设的制高点、赢得工作主动权。

在社会各界共同努力下，新闻学教材建设取得了很大成绩。特别是近几年，以"马工程"为主体，各类教材如雨后春笋般涌现。总体状况如何？存在哪些问题？哪些地方需要改进？特别是在新时代、新情境下怎样厘清西方新闻理论与党的新闻工作的关系，在确保方向正确的前提下，对前沿学科的研究和教学保持优势？这都需要在宏观和微观层面做到心中有数。

本专著践行了复旦新闻"好学力行"的教育办学宗旨，在以下三个方面多有亮点。

其一，调研先行。据我所知，3年多以来，兴政同志线下或线上访谈的专家学者达到150多位，足迹遍及大江南北，访问涉及几十所高校，并在此基础上建立起新闻教育若干问题的数据库。这些材料、数据浸透着基地同仁辛勤的汗水，也为研究工作打下了坚实的基础。这与那种凭借感觉妄下断语的浮躁学风大异其趣。相信有心的读者一定能从第二篇"现实图景"的原始资料中得出立论扎实的结论。

其二，问题导向。本专著以"研究"为核心，从头到尾贯穿着问题意识。或可谓，紧紧围绕着"教材好不好和教材好用不好用"两条线索展开。多年来人们习惯从专业知识层面审读教材，这当然没有问题。但并非所有被专家学者认可的教材，都能满足教学工作的需要，都能满足学生的需求。相当多的教材有内容雷同、边界模糊、表述粗糙的问题。有些教材写成之时便被束之高阁。所以这部专著在"好用"方面提出了一些独到见解，这无疑对解决当下新闻教育存在的某种大而无当的问题有所助益。

其三，提出一种解决方案。发现真问题固然不易，但解决问题才是根本。正像当下社会人们所诟病的那样，各种裁判员、评论员并不少，但能够出实策、见真招、真管用的并不多。本专著用力较多的第三篇"未来进路"，在这方面多有创见。教材建设所反映的问题并非一端，它涉及整体教育体系。本书关注的是教材建设表象，但考察的问题却反映了教育理念以及政策等深层问题，包括现行政策和某些相沿成习的弊端。本书从指导思想、建设原则、运行机制、驱动方式等诸多方面提出了一些切实可行的参考意见。

研究的重要目的是应用。因此，研究工作不用展示油亮的知识羽毛，不可急功近利地为稻粱而谋，更不能为获得某个头衔"为研究而研究"。学风反映的是一个学者的志向和旨趣。严谨、求实、朴素是当下特别值得提倡的学风、作风。

新时代新闻传播学教材研究工作刚刚起步，做了不少工作，还有更多的工作要做。仅以上面这几句浅薄的感触，与兴政共勉。

我期待着兴政推出更多研究成果。

前　言

进入新时代以来，习近平总书记多次作出关于教材建设的重要指示，这一系列重要论述既凸显了教材工作在党和国家事业发展全局中的重要地位，也为新时代教材建设和管理提供了根本遵循。"建设什么样的教材体系，核心教材传授什么内容、倡导什么价值，体现国家意志，是国家事权"，指明了党管教材这一首要原则，明确了教材领域是坚持党的领导的重要阵地。"教材建设是铸魂工程"，表明了教材的编写、审核、使用和评价需要始终紧扣铸魂育人实践，打造高质量教材服务于培养堪当民族复兴重任的时代新人。"教材建设是育人育才的重要依托"，凸显了教材建设在党和国家全局中的战略定位，要推动教材工作更好地服务中国式现代化建设。"高质量发展是全面建设社会主义现代化国家的首要任务"，强调了高质量是中国特色教材体系的建设目标。"学科体系同教材体系密不可分""培养出好的哲学社会科学有用之才，就要有好的教材"，明确了教材体系对于人才培养的关键作用，也蕴含了教材体系建设之于中国特色哲学社会科学构建的重要意义。

新闻传播学是哲学社会科学的重要支撑学科之一。新中国成立 70 多年来，特别是改革开放 40 多年来，党的新闻舆论工作宣传党的路线方针政策，反映群众呼声，回应社会关切，记录时代变化，推动社会进步，形成了有中国特色的新闻理论体系和政策规范。总结中国新闻传播发展的成功实践经验并将其上升为系统化的理论学说，构建体现中国立场、中国智慧、中国价值的新闻传播学自主知识体系，打造具有中国特色新闻传播学教材，已经成为广大新闻传播学界和业界专家理应肩负的时代使命。

作为教育及教学的重要环节，新闻传播学教材建设水平与学科整体发展水平密切相关，教材建设依靠本土新闻传播学理论的提炼和优秀研究成果的涌现。值得指出的是，如何以合理方式筛选既有知识、将其组织成为教材，并因地制宜地优化教材选用，也同样重要。长期以来，学界对新闻传播学教材研究缺乏重视，新闻传播学教育研究虽有不少关于教材建设的讨论，但仍有待深入。换言之，当下新闻传播学教材建设工作缺少坚实的理论支撑。这意味着亟待加强对新闻传播学教育及教材研究的重视，以新闻传播学、教育学等多重学科背景为基础，开展更为系统、深入的学术研究，为新闻传播学教材建设提供现实依据及理论指引。尤其需要指出的是，过往关于新闻传播学教材的研究更多基于学者对自身从教经验的总结，而非建立在实证调研的基础之上。因此，为了深入全面地了解我国新闻传播学核心课程教材建设现状，并系统梳理存在的问题，以更好地推进高质量新闻传播学教材建设工作，笔者依托高校新闻学国家教材建设重点研究基地，邀请了全国新闻传播学界和业界知名专家召开系列学术研讨会，深入新闻传播院校和新闻传播学教材主要出版单位积极开展实证调研，并提出了新时代中国新闻传播学教材建设的相关建议。

首先，展开深入调研，摸清学科发展和教材建设基本情况。高校新闻学国家教材建设重点研究基地先后开展了四项全面而深入的调研，广泛收集一手数据，摸清了新闻传播学教材建设的基本"家底"。一是对全国新闻学核心课程教材建设现状进行调研。2019 年 11 月，我们对全国知名专家学者和各新闻传播学院院长进行深度访谈，就我国新闻学教材的编写、使用现状及存在问题展开调研。二是勾画 2001 年以来新闻传播学科专业设置情况；共收集全国 426 所新闻传播院系的培养方案，初步厘清了相关专业课程体系现状；分析全球新闻传播学科排名前 50 名院系的专业设置及课程开设情况，掌握了国外新闻传播教育的历史脉络及发展现状。三是与国家版本馆合作、走访全国 15 家新闻传播学教材/

图书重点出版社，共收集新闻传播学图书数据 30 000 余条，其中包括教材数据 2 000 余条，初步形成了较为完整的新闻传播学教材／图书数据库。四是开展新闻传播学科"头部院校"教材建设专项调研。2020 年 10 月，基地对全国（不含港、澳、台地区）100 所"头部院校"进行摸底，重点聚焦"马新观"教材建设成效及使用情况。

其次，集聚专家智慧，探索新闻传播学教材建设路径。高校新闻学国家教材建设重点研究基地在 2021 年至 2023 年期间先后开展了中国新闻学教材建设高峰论坛（2021 年 7 月），中国新闻学教材建设专题研讨会（2021 年 11 月至 2022 年 1 月），新闻学教材基地咨询委员会、顾问委员会和学术委员会会议（2022 年 9 月），国家教材委员会高校哲学社会科学（马工程）专家委员会新闻传播学科专家组会议（2023 年 6 月），中国新闻传播学自主知识体系建构与教材建设学术会议（2023 年 11 月）共计 15 场的专家研讨会议。其中，2021 年 7 月召开的"中国新闻学教材建设高峰论坛"主要围绕中国新闻学教材的概念内涵、与教育部"马工程"教材的关系、建设的必要性和重要性等问题进行了研讨，为教材建设的有序推进奠定基础。2021 年 11 月至 2022 年 1 月，新闻学教材基地邀请 100 多位来自学界、业界、出版界和新闻管理部门的专家学者共同参加"中国新闻学教材建设线上研讨会"，10 场研讨会共历时 3 个月、200 多小时。考虑到部分专家未能与会或意见表达不充分，基地再次就中国新闻学教材的建设重点目录及建设方式发放了 150 份调查问卷及意见征询函，最终收到 76 位专家的书面回复。参加研讨会的专家重点关注新闻传播学教材的指导思想、重点领域、编写要求、工作机制等议题，为推进新时代中国新闻学教材编写做好前期准备。2022 年 9 月，召开新闻学教材基地咨询委员会、顾问委员会和学术委员会会议，初步确定了中国新闻学教材的命名方式、首批建设目录与主要内容，撰写了《首批中国新闻学教材建设目录及主要内容（建议稿）》。2023 年 6 月，承办国家教材委员会高校哲学社会科学学科专家组新闻传播学专家组工作会议，就《首批中国新闻学教材建设目录及主要内容（建议稿）》进行了深入研讨。2023 年 11 月，与复旦大学新闻学院、福建师范大学传播学院合作召开 2 场中国新闻传播学自主知识体系建构与教材建设学术会议，围绕如何推动新闻传播学自主知识体系建构和教材建设等议题展开研讨。

本书共分三篇、九章。第一篇为"理论探析"，主要包括"教材建设国家事权的三重逻辑：理论逻辑、历史逻辑与实践逻辑"和"新时代高质量新闻传播学教材建设的重大意义及内涵本质"。第二篇为"现实图景"，主要包含"中国新闻传播教育人才培养方案的比较分析""中国新闻传播学教材建设现状：编写、出版及使用""中国新闻传播学教材研究：基本情况、主要议题及未来方向"和"新闻传播学教材建设三重挑战：价值导向、中国实践与媒介技术"。第三篇为"未来进路"，主要涵盖"中国新闻传播学自主知识体系建构与教材建设研究：基于主体性视角""高校'马工程'新闻传播学教材建设探讨"及"新闻传播学教材高质量发展：基本原则、主体任务与保障机制"。

目　录

第一篇：理论探析

第二篇：现实图景

第三篇：未来进路

第一篇

理论探析

1

第一章

教材建设国家事权的三重逻辑：
理论逻辑、历史逻辑与实践逻辑

　　教材建设国家事权是新时代中国共产党针对教材建设领域一些亟待解决的问题提出的新战略，是事关未来的战略工程、铸魂育人的基础工程。习近平总书记在多个场合阐释了教材建设在治国理政中的重要地位，强调教材建设体现国家意志，是国家事权。党的二十大报告全面总结了新时代以来各领域的伟大变革，充分肯定了教育取得的显著成绩，将"加强教材建设与管理"[1]作为指导和落实办好人民满意教育的基本方略。

　　教材建设国家事权战略命题一经提出即成为理论界和实务界关注的焦点问题，涌现了不少理论成果和实践成果。在理论阐释层面，不同学科和学者基于各自学科视角对教材建设国家事权问题展开探讨。从教材建设国家事权的本身意蕴而言，有学者对其

---

[1] 习近平 . 高举中国特色社会主义伟大旗帜 为全面建设社会主义现代化国家而团结奋斗——在中国共产党第二十次全国代表大会上的报告 [M]. 北京：人民出版社 ,2022:34.

内涵性质[1]、价值特质[2]、权力属性和运行原则[3]等方面展开研究。也有学者从国家治理体系现代化在教材建设领域的实践探索出发，聚焦教材建设国家事权的法理逻辑[4]、政策意蕴[5]以及教材治理现代化[6]等问题展开探讨。此外，有的研究围绕党领导教材建设的百年历史经验及实践进路等领域[7]，从确立"权力秩序"、坚守"价值秩序"、构建"文化秩序"和重塑"知识秩序"等维度，探究教材建设国家事权"何以可能"和"何以可为"的问题。[8]在实践探索方面，从中央到地方的教育主管部门，都将教材建设作为国家发展总体战略的重要组成部分，多措并举落实教材建设国家事权。2017年国家教材委员会成立，教育部组建了教材局，指导和统筹全国教材工作，并先后制定颁布《中小学教材管理办法》《全国大中小学教材建设规划（2019—2022年）》等一系列有关规章制度。同时，在义务教育和高中阶段，全面实施政治、语文、

[1] 杨柳，罗生全.教材建设国家事权：内涵、性质与价值[J].全球教育展望，2023(3)：113—118.

[2] 马丽琳.新时代统编教材建设：实践特色与价值意蕴[J].课程·教材·教法，2022(1)：32—39.

[3] 罗生全，董阳.教材建设国家事权的权力属性及运行原则[J].课程·教材·教法，2022(11)：74—81.

[4] 罗生全，杨柳.论教材建设国家事权的法理逻辑[J].湖南师范大学教育科学学报，2021(5)：35—43.

[5] 郝志军.教材建设作为国家事权的政策意蕴[J].教育研究，2020(3)：22—25.

[6] 陈淑清.新时代教材治理现代化的十年探索：基本逻辑、实践路径和未来走向[J].课程·教材·教法，2023(1)：20—28.

[7] 朱文辉，张黎."党的领导"相关内容进教材：价值意蕴、核心向度与实践理路[J].课程·教材·教法，2023(1)：29—36.

[8] 靳玉乐，王潇晨.新时代教材建设的基本经验及趋势[J].课程·教材·教法，2023(8)：33—40.

历史三科教材统编、统审、统用政策；在职业教育和高等教育阶段，着力打造马工程重点教材、"中国系列"教材等。这些举措，既有顶层设计的宏观思维，又有解决实际问题的方法路径，为落实教材建设国家事权提供了重要依据和保障。

由此可见，教材建设国家事权相关研究与实践探索已有一定基础，但无论采用何种方法或视角，其核心要义在于落实党和国家意志，使教材更好适应国家战略需要，其本质是必须牢牢把握党对教材工作的领导权，是落实教材培根铸魂育人功能的创新之举。在落实教材建设国家事权的时代进程中，理论界和实务界对这一问题的关注，呈现出国家话语、学术话语、大众话语、国际话语齐头并进的发展态势。可以说，已有理论和实践研究成果对落实教材建设国家事权提供了可资借鉴的思路框架。教材建设国家事权为理解中国式教育现代化提供了重要切口，但相关研究的"整体性""基础性""多样性""时代性"不足等问题，[1] 为本书提供了可拓展延伸的空间。为此，要更好理解教材建设国家事权的生成逻辑、核心要义和本质特征，需要将其置身于党的辉煌成就、艰辛历程、历史经验、优良传统中加以考察，这样才能更好地"弄清楚其中的历史逻辑、理论逻辑、实践逻辑"[2]。可以说，历史逻辑能够为落实教材建设国家事权提供经验启发，理论逻辑

---

[1] 潘信林，陈思琪.党的十八大以来教材建设研究评估与展望 [J]. 课程·教材·教法 ,2019(9):12—20.

[2] 习近平在福建考察时强调：在服务和融入新发展格局上展现更大作为奋力谱写全面建设社会主义现代化国家福建篇章 [N]. 人民日报 ,2021-03-26(1).

是对教材建设国家事权历史经验的总结和升华，而实践逻辑则是教材建设国家事权理论得以检验和发展的"试金石"。站在新的起点上，只有将这三者有机融合展开探讨，才能更好地理解教材建设国家事权的战略意蕴，更进一步发挥好教材的育人作用，打造经得起历史检验的优秀教材。基于此，本书在文献对话的基础上，梳理新中国成立以来教材建设国家事权的历史脉络、理论传承、实践进路，进而构建"三个逻辑相统一"的分析框架，为理解教材建设国家事权战略意蕴提供学理支撑。

第一节　教材建设国家事权的历史逻辑

历史逻辑是理论逻辑与实践逻辑产生的基础。要对教材建设国家事权形成整体认知，就必须基于其历史演进规律，分析其不同阶段的核心特征，凝练教材建设国家事权的内在逻辑。可以说，将教材建设贯穿于国家事权的全过程，是党领导下教材建设百年征程的宝贵经验，其探索历程反映了国家意志、国家标准和国家要求的价值导向。

一、　新中国成立后教材建设国家事权的经验探索（1949—1978）

新中国成立初期，国家开始站在社会主义建设的战略高度，整体统筹教材建设事业。但由于特殊的时代因素，当时全国没有统编的教学大纲或教材，"已出的课本的种类和质量都远不能适应今天教育建设的需要"[1]，既有部分借鉴解放区经验，也有部分选取国统区本子，还有部分选取编译的苏联教材[2]，甚至出现"教师上课多数是会什么教什么或者是'放羊式'状态"。[3]随着人民政权的巩固和国民经济的恢复，党开展了一系列教材整顿工作，具体表现为教材管理集中化、编审队伍组织化、编辑方针具体化三方面特征。

（一）教材管理集中化

新中国成立之初，为尽快稳定社会秩序、提升教育质量，党中央制定了统一教科书的大政方针，并强调"教科书对于国计民生，影响特别巨大，所以非国营不可"。1949年11月中央人民出版总署成立，负责全国教科书的审编、出版和发行工作。为进一步实行出版事业统一分工和专业化政策，出版总署和教育部于1950年12月共同组建人民教育出版社，专职负责编辑出版供全国中小学统一使用的教材。开发一套全新的中小学教材，既是社会主义教育体制改革和教育内容完善的迫切要求，也是"三大改造"与第一个五年计划实施的客观需要。在中共中央统筹下，1954—1957年开展了新中国第一次教材编写大会战，编出第一套全学

---

[1] 郭戈.要重视对教材研究历史的总结——"中国教材研究文库"总序[J].教育史研究,2021(1):34—36.

[2] 转引自郭戈.新中国第一次教材会战记[J].中国教育科学（中英文）,2021(4):30—48.

[3] 李晋裕,滕子敬,李永亮.学校体育史[M].海口：海南出版社,2000:18.

科的统编教科书、教学参考书和教学大纲，涵盖普通中小学、师范学校和工农速成中学。随后的"大跃进"却将教育带入快速而盲目的跃进轨道，全国掀起自编教科书的热潮，某种意义上可视作教材建设的一次本土化探索，[1]但部分地区完全抛开国家统一标准，导致教科书质量参差不齐，教材建设事业陷入停滞，教材管理集中化的重要性更加凸显。

（二）编审队伍组织化

教材建设人员是否充足得力，是教材编写成功与否的关键因素。新中国成立前夕，中共中央宣传部通过成立中央出版委员会、华北人民政府教育部教科书编审委员会，汇聚了一批优秀人才，编审、出版和发行了新中国第一套中小学和师范教科书，也称新中国"开国教科书"。1953年在毛泽东的倡导和主持下，针对当时编写教材人数不足等问题，中共中央政治局会议作出"重视教材，抽调大批干部编教材"的决定。教材会战中，从全国各地调集150名学科专家、一线名师和教育干部充实人民教育出版社编辑和领导力量，充分发挥社会主义集中力量办大事的制度优势，表明党中央十分重视教材编审队伍的组织化和多样性，从政策层面保障教材建设队伍的合理结构。同时，教材会战要求在原有基础上加强各种制度建设，加强统一领导和部门整合，既明确了各级各部门的分工，也明确了组织

---

[1] 石鸥.中小学教科书70年忆与思[J].湖南师范大学教育科学学报,2019(2):1—7.

层级的领导关系。[1]后来为完成首套全国统编教材，1977年进行了第二次全国范围的人才选调。

（三）编辑方针具体化

坚持正确的政治方向和价值导向，是这一时期党领导教材编写工作的方针原则，目的是强化教材建设的意识形态属性。而如何将教材编辑方针落实到编辑、出版和使用全过程，成为做好教材工作的重要考量。1953年召开的中共中央政治局会议特别决定成立语文和历史教学问题委员会，对这两个学科的教材编辑方针、原则等重大问题展开了探讨。教育部《关于本社当前任务、编辑方针、组织机构及组织领导的决定》，对编辑各科教科书的总方针进行了具体阐述："第一，贯彻社会主义思想，采用系统的基本科学知识，注意吸取先进的科学成果。第二，以马克思列宁主义的立场、观点、方法来解释各种问题，即以辩证唯物论与历史唯物论的观点来阐明自然现象和社会生活规律。第三，贯彻理论与实际结合的原则、教育与生产劳动结合的原则，把科学原理、法则、定律与我国工农业建设、革命斗争结合起来。第四，符合教学原则，适合各科教学目的与学生年龄特征。第五，吸收苏联的先进经验。"[2]这些方针明确了教材编写工作的方法，但需要指出的是，这一时期的教材建设与国家各个领域一样，深深打下了苏联影响

[1] 转引自郭戈.新中国第一次教材会战记 [J]. 中国教育科学（中英文），2021(4)：30—48.

[2] 转引自郭戈.新中国第一次教材会战记 [J]. 中国教育科学（中英文），2021(4)：30—48.

的烙印，难以形成自己的特点和体系。[1]

二、改革开放后教材建设国家事权的持续推进（1978—2012）

改革开放以来，教材建设作为国家事权的战略地位得到进一步确证。邓小平曾多次强调教材的重要性，"教材要反映出现代科学文化的先进水平，同时要符合我国的实际要求"，[2]并作出恢复编写全国通用教材的决定。在党中央的统一领导下，教材建设进入快速发展时期，除数量增长和系列化建设有所建树外，还体现为编审制度灵活化、教材内容现代化和教材形态多样化。

（一）编审制度灵活化

1978年，国务院批转了全国教材出版发行工作会议有关"中小学教材，今后由教育部负责统编"的会议报告，党再次确立对教材建设事业的统一领导。20世纪80年代，在教育体制改革和基础教育课程改革的大背景下，教材建设逐步形成党委领导、政府实施、学界参与、属地管理相结合的体制机制，增强了教材建设的灵活性和多样性。1986年，全国中小学教材审定委员会及各学科教材审查委员会成立，标志着中小学教材体制由"国定制"转向"审定制"；1988年，《高等学校教材工作规程》对高等学校教材编审、选用、出版和发行机制进行明确规定；2001

---

[1] 聂晓阳.新中国教科书：在苏联影响中初建 [J].瞭望 ,2009(28):19—21.
[2] 邓小平文选：第2卷 [M].北京：人民出版社 ,1994:15.

年，教育部规定中小学教材编写遵循立项核准制度，由国务院教育行政部门和省级教育行政部门两级管理；2008 年，国家颁布规定鼓励和支持有条件的单位、团体和个人编写教材，推进教材建设多样化探索。同时，教材建设形成"集体讨论，专人负责，报备进度，论证评估，以评促改"的编写流程，建立不同学科的教材编写委员会或联席会议制度，就核心课程和配套教材进行论证。

（二）教材内容现代化

1983 年，邓小平提出"教育要面向现代化，面向世界，面向未来"的战略方针，[1] 推动形成"依托课程体系，以人才培养目标为导向"的教材建设价值理念，教材建设与国家建设的联系更加密切。这一时期，为构建中国特色哲学社会科学教材体系，2004年启动马克思主义理论研究和建设工程，开展教材建设的本土化探索，探索适用于现实情境的教材建设模式。与此同时，教材引进工作稳步推进，教材建设逐渐与国际接轨。1977 年下半年，教育部集中选购外国大中小学教材 7 000 多册；1985 年，国家教委下发通知，将过去主要引进理工科教材转变为全面、系统、及时、有计划地成套引进国外著名大学的现有教材，由单一的引进服务转变为引进服务与教材研究并举。这一举措有助于吸纳多元知识，在借鉴国际经验的基础上，结合本国具体实际，促进教材建设专

---

[1] 刘立德，吕达.从"三个面向"到中国式现代化：教材编研和教育出版赓续新篇——纪念邓小平"三个面向"题词暨为课程教材研究所题名 40 周年 [J]. 中国教育科学 ,2023(5):17—38.

业化发展和"知识共同体"体系建构。

(三) 教材形态多样化

受信息技术发展的影响,这一时期教材建设在探索新形态方面取得显著突破。一方面,加大数字化教材的开发力度,积极开展富媒体数字教材和在线教育数字课程教材建设;另一方面,鼓励教师参与数字图片、音频、视频等新型教学资源建设,推进组编信息技术与教育教学深度融合、多种介质综合运用、表现力丰富的新形态教材。例如人民教育出版社依托传统的纸质教材,开发了创新的数字教材,并持续进行迭代升级。这些数字教材以其直观的多媒体展示形式、互动性强的学习过程、多元化的技术手段以及高效的传播途径,持续促进教学数字化的转型。由此可见,改革开放以后教材建设探索的自主化,为各学科开展新形态教材建设创设了较大空间。

三、 新时代教材建设国家事权的创新完善(2012—)

党的十八大以来,中共中央加强顶层设计,明晰了教材建设的指导方向和战略使命。为达成这一历史使命,教材的意识形态属性得到前所未有的重视,教材建设国家事权的理论开始形成。[1] 在不断创新完善的时代进程中,教材建设发生历史性变革、取得阶段性成就,主要表现为建设目标战略化、教材类型体系化和建

---

[1] 柯政 . 改革开放 40 年教材制度改革的成就与挑战 [J]. 中国教育学刊 ,2018(6):
1—8.

设经验理论化。

（一）建设目标战略化

面对各国间愈加频繁的思想文化交锋与冲突，为了更好地顺应新时代人才培养特点需要，党和国家对教材的编写和审查体系进行了优化，明确具有较强意识形态特征的道德与法治（思想政治）、语文和历史三科教材由国家统一编写、统一审查、统一使用。这一政策调整"是着眼落实党的教育方针、办好中国特色社会主义教育、维护国家长治久安作出的重大部署"[1]。在教材建设国家事权议题的统领下，教材建设确立了决策、执行、研究三位一体的工作格局，形成统筹为主、统分结合、分类指导[2]的制度安排，规定了国家、地方政府和各类学校的相关职责，凝聚"教材强国"建设的强大合力。教材建设在教育强国建设中具有关键支撑作用，因此要把教材建设作为一项战略工程、基础工程，从维护国家意识形态安全、培养社会主义建设者和接班人的高度来抓好。《全国大中小学教材建设规划（2019—2022年）》明确提出，教材建设要"更加适应中国特色社会主义发展要求，更具中国特色和国际视野，育人功能显著增强，开创教材建设新局面"。[3]

---

[1] 高靓，刘博智.确保义务教育统编三科教材顺利使用——国家统编义务教育道德与法治、语文、历史三门学科教材国家级培训举行[N].中国教育报,2017-05-16(1).

[2] 中共中央国务院印发《中国教育现代化2035》[N].人民日报,2019-02-24(1).

[3] 康丽.描绘新时代教材建设蓝图——《全国大中小学教材建设规划(2019—2022年)》发布[N].中国教师报,2020-01-15(1).

(二) 教材类型体系化

新时代教材内容体系建设，既要把党的理论创新成果融入教材，也要注重分学段、按学科进行阐释，还要将文件语言、政策语言转化为学生喜闻乐见的教材语言。新时代的教材建设要紧扣用习近平新时代中国特色社会主义思想铸魂育人主题主线，聚焦教育强国建设规划纲要重点任务，以建设中国特色高质量教材体系为目标，系统修订各级各类课程和教学标准，集中力量编好用好中小学三科统编教材、马工程重点教材和专题读本，打造大中小学贯通的学习习近平新时代中国特色社会主义思想的系列核心教材。目前，基础教育三科教材进入"统编、统审、统用"新阶段，结束了"一纲多本"的时代；已出版使用116种高校马工程重点教材，启动"中国系列"教材建设，着力打造中国特色高水平原创性哲学社会科学教材；持续推进职业教育国家规划教材建设，集中力量打造一批高等教育基础学科、战略性新兴领域一流核心教材。各级各类教育涌现出一大批精品教材，成为新时代教材体系建设的新亮点。教材建设国家事权逐步以全过程、全方位的形式落实在具体的教材建设工作中。

(三) 建设经验理论化

为处理好教材建设国家事权顶层设计和实践探索的关系，必须坚持党的教育方针和正确价值导向，最大程度地发挥中国教材建设特色化道路的比较优势。教材建设国家事权运行系统重视对国家属性的提炼，定期开展经验总结，形成体系化的经验报告，从中提炼标志性成果，展现教材建设国家事权运行系统的未来架构，是新时代加快建设中国特色高质量教材体系的关键之举。2018年课程教材研究所成立，与国家教材委员会及其专家委员会、教育部教材局共同构成三位一体的教材工作格局。习近平等中央领导同志在批示中明确要求，加强中国原创性学术体系构建，社科领域教材建设要坚定"四个自信"，系统性开展深入研究，努力构建、不断完善中国原创性学术体系。目前，国家和地方已普遍建立教材编审专家库，成立了25个国家教材建设重点研究基地，建立了12个高校哲学社会科学学科专家组，致力于打造具有中国特色、国际领先的教材研究体系，推动教材研究繁荣发展。通过有组织的科研，设立课题、揭榜挂帅，能够调集优势力量集中攻关，并及时将研究成果转化为决策成果、教材成果。

第二节　教材建设国家事权的理论逻辑

追溯教材建设国家事权的理论逻辑，实则是对教材育人育才"何以可行"与"何以实现"这一命题的深度追问。鉴于教材建设国家事权的重要属性，对其进行理论建构，既要围绕"培养什么人、怎样培养人、为谁培养人"根本性问题展开追溯，也要对教材体系所蕴含的不同范畴进行探索，以更深刻地把握新时代语境下教材建设国家事权的价值规律。

一、 理论起点：合规律性和合目的性的统一

置身于唯物史观的理论视角，教材是一种综合社会实践的产物，是一个国家的"精神的国防"，必然具有合规律性与合目的性二重性的特点。教材建设既要合乎客观规律，又要满足人的多方面的需要，即"在目的和目的的实现中逐步消除目的的主观性，追求人的活动目的性与客观规律性的动态统一"。[1]教材建设作为国家事权的话语确立，不仅体现了国家对建设教育强国规律性的宏观把控，也彰显了国家培育时代新人目的性的深远考量。

一方面，合目的性在此背景下，不仅意味着教材建设必须服务于党和国家未来发展的战略工程，符合国家的根本利益，也蕴含着新时代党中央寻求并确证教材事业发展方向与建设理念的价值立场。作为国家意志的重要载体和育人育才的重要依托，教材建设国家事权的合目的性体现在坚持正确政治方向上，这也就意味着这一战略意图的最终落脚点要回归到立德树人上，正确处理好人才培养方向性与人才培养质量和规格的关系。[2]为此，从国家发展和教育目标的视角而言，教材建设国家事权的理论起点，其合目的性应遵循国家主导教材建设总体目标，坚持以"立德"为魂、以"树人"为本，在传授知识价值的同时，力求将国家意

---

[1] 陈先达 . 一个值得商榷的哲学命题——关于"合规律与合目的"问题质疑 [J]. 学术研究 ,2009(8):50.
[2] 刘学智，张振 . 教育治理视角下教材一体化建设的理论建构 [J]. 教育研究，2018(6):139—141.

志和整体性目标要求浸润各学段的教材，确保教材能够服务于国家的经济社会发展和人才培养战略。从传承文化价值的视角来看，文化的深厚力量和育人作用，是世界各国教材建设都必须正视的关键问题。作为文化传承的重要载体之一，教材包含了丰富的文化元素和思想精髓，要将社会主义核心价值观教育、理想信念教育、文化自信教育等系统融入教材，将国家的历史、文化、道德观念等传递给不同学段的学生，不断增强中华民族凝聚力和中华文化影响力。从依法治国的视角来看，教材建设法治化进程是对"党领导教材建设、人民对优质教材的期望和依法进行教材建设"进行的新型法理诠释，[1]全面落实教材建设国家事权，应遵循相关法律法规，确保教材内容的合法性和伦理性，尊重知识产权，保护学生权益。综上可知，教材建设的合目的性强调了教材在实现国家发展、教育目标、文化传承、法治建设等方面的重要作用。科学的规划和管理使教材建设能够更好地服务于国家的整体利益和长远发展。

另一方面，教材建设国家事权的合规律性主要具有两种呈现方式：一种是进入我们主观认识领域中以完整的理论体系形式存在的知识体系，这是教材建设国家事权的主观呈现方式；一种是在教材建设实际进程中应坚持的立场原则，这是教材育人的客观呈现方式。如若以教材建设国家事权主观呈现方式提出相应的合

---

[1] 罗生全，杨柳.论教材建设国家事权的法理逻辑 [J].湖南师范大学教育科学学报，2021(5)：35—43.

规律性要求，这就需要以一种严谨科学的态度来落实教材建设国家事权；如若从育人的客观呈现方式来看，这就需要在教材建设的具体实践中，将国家意志贯穿于教材建设始终。作为国家主流意识形态传播的重要载体，教材建设国家事权的两种呈现方式为实现国家教育目标和社会发展需求明晰了方向，具有相对恒定性特征。一是从本质而言，教材建设是育人育才的重要依托，必须把坚持国家价值放在首位。就教育主要任务而言，马克思曾形象地指出，无产阶级教育要培养"社会的头脑和社会的心脏""发掘人的天赋和才能"和"造就新一代的生产者"。[1]二是从育人规律来讲，教材则是衔接知识体系与育人体系的重要载体，要顺应不同阶段"学生的认知规律和接受特点"，[2]而非违背人才培养规律、忽视学生个性需求。三是从内容呈现来讲，建设什么样的教材体系，传授什么样的知识内容，传递什么样的价值观念，都深刻体现着国家意志，是国家事权的重要表现。为此，要遵循教育教学规律、人才成长规律和教材编写的规律，纳入教材学科的知识内容，在方向和实质上必须符合国家主流意识形态和价值观念，体现知识本身的科学性和体系的理论逻辑性。唯有如此，才能更好确保教材建设经得起实践和历史的检验，经得起"为什么"的知识追问。[3]教材建设国家事权的最终落脚点应回归人的体验与情

---

[1] 刘怡彤，李忠军.马克思恩格斯经典文本关于"无产阶级教育"的解析[J].社会主义核心价值观研究，2023(9):35—45.

[2] 习近平谈治国理政：第3卷[M].北京：外文出版社，2020:331.

[3] 许家烨.大中小学思想政治理论课教材一体化建设：逻辑、问题与对策[J].思想教育研究，2022(2):113—118.

感本身，既要把握住教材意识形态的领导权，也要从整体上推进教材的系统化、逻辑化、梯度化建设，更好地保证教材的质量和适应性，满足国家教育目标和要求，为培育时代新人提供有力支持。

二、 理论主轴：知识性和价值性的统一

在制度化学校教育体系中，教材兼具"知识性"和"价值性"的双重属性。知识性和价值性的统一是教材建设的核心原则，要求教材在传授知识的同时，注重培养学生的价值观念和道德品质。可以说，确立何种教材编纂观念、根据何种教育素材编写教材、选择哪些知识融入教材等议题，直接涉及教材品质的提升以及教育功能的实现。一方面，缺乏知识性的教材内容体系，通常会制约教材价值的有效彰显；另一方面，在过度强调价值的教学认知下培养的学生，也只能是政治上过于激进但缺乏人文素养与科学精神的"单向度的人"。[1]这不仅意味着教材建设既需要回应知识性问题，也需要面对价值性的追问，二者共同构成教材体系建设的逻辑主轴，即"知识性"是实现"价值性"的前提基础，"价值性"需要通过"知识性"表达呈现。

知识性是教材的核心属性，是衡量教材质量的重要标准。教材建设国家事权的知识性体现在其对于知识传递、人才培养和提升师生素质的基础性作用。从知识传递的视角来看，教材知识体

---

[1] 孔国庆，王刚. 思想教育研究 [J].2020(8):94—98.

系的构建是紧跟时代脉搏的知识选择与融合过程，涉及官方知识的界定、知识选择的标准、知识筛选的决策权归属，以及在知识筛选过程中权力的行使方式，这些都是全面落实教材建设国家事权必须正视的重要问题。[1]教材是知识传递的载体，通过系统化的内容组织，将人类积累的科学、文化、历史等知识传递给学生，为学生提供学习的基础。需要指出的是，教材知识体系的建构应尊重学生的认知结构，不应生搬硬套单一化的知识逻辑顺序，避免教材建设的"唯知识教学"倾向和"应试教育"顽疾。[2]从人才培养的视角来看，优秀的教材不仅要传授知识，还应鼓励学生适当参与教材建设的评价反馈环节中，在培养他们理性思维和认知能力的同时，提高将知识应用于实践的意识。从提升师生素质的视角来看，作为一种教育权力，教材建设应确立以培养学生综合素养为核心的价值认同和根本追求。在外延上，教材文本知识是建构师生学习共同体的重要依托，能够为师生知识广度的拓宽和知识深度的开掘提供遵循，进而更好地回应师生层面对教材建设作为国家事权的认同与接纳；在方法上，既要帮助师生把握一般的知识性原理，还要能通过科学有效的方式，培养他们的综合素质和解决复杂问题的能力。总之，作为教材建设的基础性和前提性的条件，教材体系建设在知识建构上必须确保所陈述知识内

[1] 靳玉乐，王潇晨. 新时代教材建设的基本经验及趋势 [J]. 课程·教材·教法，2023(8)：33—40.
[2] 张振. 新时代教材体系建设的三重逻辑：价值、理论与实践[J]. 课程·教材·教法，2023(4)：34—41.

容的科学性、客观性以及完整性，这也是增强不同学科教材内容说服力的关键。

价值性是教材的重要属性，决定了教材在育人过程中所承载的深层次意义和目的。教材建设国家事权的价值性体现在其对于塑造价值观、培养责任使命感和推动社会进步的关键作用。教材作为承载知识的重要媒介，教材内容选择涉及对知识、价值、理论等人类间接经验的筛选，如何将对学生成长成才有益的知识内容纳入教材，需要遵循知识传播和教育规律。任何领域的知识，大体可分为"事实的知识""原理的知识""能力的知识"三大类，我们无法脱离社会发展的规律，单纯地讨论三大类知识在教材中的价值。相反，我们应该将这些知识融入国家和社会共同发展的历史背景和动态过程中去。在坚守立德树人"价值秩序"的前提下，教材知识的选择需回应"什么知识最有价值"和"谁的知识最有价值"两个追问。前者是指作为知识客体价值的选择指向，其目的在于将真正的知识融入教材体系和教学内容中，并通过有效的形式帮助学生更好掌握"基础"和"本质"知识。为此，教材建设要指向启智增慧，提升知识性。既要从知识的比较价值出发，帮助学生识别和学习现实生活中最有价值的知识；也要从建构教材知识的体系价值出发，通过内容的选择和呈现，引导学生形成正确的世界观、人生观和价值观。后者是指价值主体本身，其目的在于对"为谁培养人"根本问题进行价值追索。不同学科教材建设的知识性和价值性内涵虽有差异，但"价值寓于知识、知识阐释价值"的阐释逻辑构成了教材建设的逻辑主轴。这也就要求教材建设在选择何种知识时，应从"为党育人、为国育才"战略情境出发，要旗帜鲜明用习近平新时代中国特色社会主义思想铸魂育人，在知识传授中完成价值引导。

"坚持价值性和知识性相统一，寓价值观引导于知识传授之中"，[1]这是对既有教材建设历史经验的提升，也是教材铸魂育人的时代之需，二者统一于培根铸魂与启智增慧的育人维度之中。为此，教材建设应厘清知识性和价值性的前提性和基础性地位，在遵循育人规律的基础上，将二者的统一融入教材体系建设全过程，以知识性为载体，以价值性为归宿，实现好知识体系向价值观的有效转化，充分发挥教材育人的真正效能。

三、理论旨归：时代性与系统性的统一

教材蕴含国家意志，其蕴含的理论归旨不能局限于从传授知识价值等视角进行阐释，还需从顺应育人理念和目标深刻变革的战略之需出发，探讨其在教育强国建设中的赋能作用，充分体现教材建设国家事权的时代性与系统性。具体而言，这种回归旨在回应"为党育人、为国育才"的本体价值和功能，通过建构微观和宏观教材体系两个维度，将立德树人根本任务全方位融入不同学科的教材建设中，实现教材建设各要素的融合共通，通过提升

---

[1] 习近平.习近平谈治国理政：第 3 卷 [M]. 北京：外文出版社 ,2020:330—331.

教材质量为教育强国建设提供方向引领和实践依据。

与时俱进地建设好中国特色社会主义教材体系，是教材建设国家事权理论归旨之一。说到底教材是一种历史性的实践，而不是停留在某一时期的文本生产。教材一经产生，就承接了文化传承和育人育才的使命，在时代发展演变中，教材也根据其自身逻辑日益丰富完善。关键在于，我们必须赋予教材更丰富的内容和价值。所谓"尺寸教材，国之大者"，道破了教材所负载的神圣使命。而要完成这一使命，必须在新时代背景下创新教材建设和管理方式，增强教材育人的问题导向和时代气息。正如习近平总书记所指出的，"推进改革创新，用心打造培根铸魂、启智增慧的精品教材"[1]，在解读中国实践、构建中国理论中全面落实教材建设的国家事权。

步入新征程，着眼国家需求培养高素质人才比任何时候都有时代使命感和紧迫感。教材是强教之基、育才之要。实际上，无论从理论层面还是现实维度上看，提升教材质量助力教育强国建设的话语样态，需在"借力"教材育人过程中实现动能的"盘活"。一是服务国家战略、提升支撑能力，迫切需要完善教材体系。这就需要在落实教材建设国家事权中，正视教材内容供给能力不能有效满足人民群众对高质量教材期待的现状，充分运用党的创新理论指导教材建设，在理解和把握学科知识的本质、结构

---

[1] 紧紧围绕立德树人根本任务用心打造培根铸魂启智增慧的精品教材 [N]. 人民日报 ,2020-12-01(1).

和发展趋势的基础上，更好地将学科知识转化为教材内容，回应社会新期盼。二是要以教育强国建设实践经验为参考，主动应对新技术变革为人才培养带来的新挑战。教材建设是实践性很强的工作。在教材内容呈现上，要充分借鉴和吸收教育教学实践的成功经验和教训，更好地提高教材建设的实效性。三是以创新精神为动力，推动教材建设的理念创新。在教材内容的交互上，要敢于突破传统，敢于尝试新的教材理念、新的教学模式、新的编写方法，以便更好地推动教材建设的创新发展。

教材建设国家事权的理论归旨，既要注重从教育强国建设的时代性进行"话语塑造"，也要注重从体系性层面实现理论话语与时代话语的对接、交汇与整合，以中国特色高质量教材体系助力教育强国建设战略的实现。就提升动力效能而言，教材建设国家事权系统性是确保教材质量的关键因素，是教材建设的重要原则，对增强教材质量和成效至关重要。世界各国的学校教育普遍采用分阶段、分科目的课程设置模式，并据此建立教材体系。这种做法基本上确保了教学过程的高效性。然而，如果未能妥善处理不同教育阶段和学科之间的相互联系，就可能出现阶段过渡不顺畅、学科内容重叠的问题，导致学生遇到学习上的难题，甚至降低他们学习的热情和积极性。[1]因此，教材建设应注重从内容、结构、使用方法和评价体系等要素出发，根据不同学段和不同学

---

[1] 余宏亮.建设教材强国：时代使命、主要标志与基本路径[J].课程·教材·教法，2020(3)：95—103.

科教材的实际特点，实现纵向衔接和横向建构的有机融合，合力达成育人目标。一是要关注教材内容建设的系统性，根据课程标准和相应学科的逻辑体系，合理建构课程知识体系，特别是要优先制定意识形态属性较强课程的教学基本要求。与此同时，还应关注学科发展的前沿动态，及时更新知识点，确保内容的时效性和前瞻性。二是着力加强顶层设计，建构科学合理的教材评价体系。要加强质量监测，定期分析评价，包括对学生学习过程和学习成果的评价，以及教材本身的评价，及时了解学生的学习状况，调整教学策略，提高教学质量。三是掌握教育话语权、维护政治安全，必须守牢教材意识形态阵地。当前，教材内容的系统性建构，既要避免盲目接受西方的观念和准则，避免贬低本国而抬高外国，也要防范故意利用教材引发对敏感议题的炒作，曲解历史、影射现状，混淆社会观念，同时，还要防止对教材内容和更新的过度诠释和无端指责。对于学生来说，教材是他们人生道路上的重要引路人，必须严格守住教材的政治导向、思想内容和价值取向，建设具有中国特色社会主义时代特质的教材话语体系。

第三节　教材建设国家事权的实践逻辑

新中国成立以来，教材建设国家事权的演进历程呈现出了其特有的实践逻辑，成为巩固国家教育事业成果的重要保障。这就要求我们从中国式现代化的大局出发，理性审视教材建设国家事权的实践逻辑。可以说，教材建设国家事权作为一项系统工程，既要注重从根本保障、价值取向和行动指引方面协同推进，也应加深对教材建设国家事权成效经验的认知，确保教育内容与国家的发展战略相适应，与时代同步。

一、 实践基石：加强党对教材建设的全面领导

落实教材建设国家事权不仅是教育问题，而且是关系党的事业后继有人的重大政治问题。中国共产党领导的教材建设事业的目的，是为党和国家培养堪当民族复兴大任的时代新人，深刻体现了中国共产党人的行动价值。全面落实教材建设国家事权，是对教材之于国家发展与社会稳定重要性的精准判断，也是满足人民群众对高质量教材需求的理性回应，体现了党执政的使命自觉。

第一，中国共产党是贯穿教材建设全过程的领导核心，为落实教材建设国家事权提供了坚强的组织保障。办好中国特色社会主义教育，关键在中国共产党。一方面，党的领导是推动教材建设的"定盘星"。中国共产党自成立以来，始终依托自己的教育方针，对加强教材育人导向和育人功能进行了积极探索。在中国革命、建设和改革的时代进程中，教材建设始终在为党和国家培养各方面急需的人才而不懈努力。另一方面，党的领导是应对教材建设国家事权面临风险挑战的"压舱石"。党要加强对教材工作的全面领导，既要落实教材建设国家事权的战略规划部署，也应建立健全集决策、执行、研究和咨询为一体的教材工作体系，积极

针对世情国情党情新变化进行整体检视，实现中国特色教材系统建设的逻辑自洽与合理建构。

第二，党的领导为落实教材建设国家事权提供政策赋能。政策和策略是党的生命，在制定和实施教材建设规划纲要的过程中，必须坚持党的领导，确保教材建设始终沿着正确的方向前进。一方面，要把牢教材建设政策的政治方向。政治性是新时代高质量教材的首要属性。高质量教材建设政策的制定与管理涉及多元主体，应坚持马克思主义指导地位，牢牢把控意识形态领导权，加快形成以政治审查、政治职能、政治话语为一体的教材政治建设理念和理论体系。另一方面，要增强教材建设政策的灵活性和执行力。既要正视教材建设国家事权的政策供给，根据实际需求实现不同学科、专业和区域的相关政策保障，同时还应对教材建设国家事权落实过程进行动态监测与优化调整，特别是加强对教材建设的工作方针、制度设计、队伍建设、机构创建及发行渠道等方面的协调力度，避免教材体系建设"只见树木，不见森林"。

第三，党的领导为落实教材建设国家事权提供制度支撑。教材是一个具有整体性的结构体系，应立足于顶层设计，加速推进制度建设的步伐。一是强化审核把关，深化教材善治的制度体系。强化教材政治审核制度是教材管理的关键环节，教材教什么、学生学什么问题是落实教材善治体系必须解决的首要问题。这就要求在落实教材建设国家事权的进程中，既要拧紧教材安全阀，也要意识到国家把控与指导的必要性。同时也应意识到，教材建设重点领域相关的制度设计，必须细化各项工作的审核细则，实行多级审查制度，完善教材编写、教材出版、教材选用、教材评价等各级工作制度。二是规范教材编、审、用一体化制度。作为国家事权话语的确立，教材建设的本质在于重申教材建设国家办的法理规制。[1]一方面，这是实现教材治理体系现代化的应然之举。然而，在教材建设和管理层面，仍存在机制覆盖不足，教材一体化建设未能有效衔接，对于教材的编纂、审查、选用、评估及反馈等环节缺乏整体性和系统性布局等问题。此外，教材建设和管理相关主体和职能不够明晰，缺乏相应的制度性支持，这些都成为制约教材建设高质量发展的因素。另一方面，面对教材制度建设存在的困境，要依托规范化规章制度，严格实施职责分工，构建涵盖国家、地方、教育管理机构、出版机构、学校和社会各界共同参与的教材管理体系。同时，需要打造全面覆盖的教材制度体系，将教材的编写、审核、发行、选用、评价等各个环节视为一个连贯的整体进行统筹，实现全流程监管，全过程管理。[2]

二、 实践指向：教材话语的功能作用和使命担当

近年来，理论界和实务界对教材建设国家事权的议题愈发重视，分别从自主性建构和主体性发展等方面展开探讨，特别注意

---

[1] 杨柳，罗生全.教材建设国家事权：内涵、性质与价值 [J].全球教育展望，2023(3)：113—128.

[2] 彭玻.加强教材建设培育时代新人 [N].中国教育报，2023-08-10(3).

到教材体系建构的实践话语指向的重要性。可以说，教材话语既要有对现实的关照，也要有与社会话语和政策话语的有效衔接。就教材建设国家事权而言，重要的使命担当在于：在铸魂育人的要求下，通过教材话语来反馈社会话语，并将其与政策话语相联系。教材是诠释党的育人战略的重要载体，也是展现国家治理体系和治理能力现代化成效的重要一环。为此，落实教材建设国家事权，既要对现有相关制度安排进行价值审视，也需要从国家顶层设计层面上，建构教材建设国家事权战略体系，成为"为党育人、为国育才"的"阐释者"，由此实现教材话语、政策话语以及社会话语体系的有效整合。

落实教材建设国家事权的实践表明，从横向关系维度看，如果教材话语体系能够与社会性话语和政策性话语互动，那么教材所体现的国家意志，则能在不同层面实现育人合力，教材育人在推动社会发展等领域的深远作用能得到有效彰显。比如，在教材建设现代化的定位层面，教材建设的成效能够为构建中国特色高质量教材体系提供强力支撑，能够有力回应在教材育人理论话语层面、政策话语层面、社会话语层面大众所关注的热点话题。其中，微观层面上，社会性话语通过教材知识体系的价值呈现，使社会关注的热点、焦点问题得到正面回应，有效发挥了教材建设国家事权应有的价值和使命；中观层面上，政策性话语能够实现以制度供给为依托，推进教材建设国家事权的法治化进程。作为落实教材建设国家事权的题中应有之义，国家重大主题进教材并不是相关政策法规的简单叠加，而应将其纳入治国理政的宏观层面，使政策话语体系成为体现国家意志和战略需求的重要手段和工具。实践证明，理论性话语、社会性话语和政策性话语三种要素是有机统一的整体，是确保教材建设实践实现根本性转变的关键因素。

从纵向历史维度看，不同时期的教材所蕴含的各种知识资源和价值理念的创造性转化和创新性发展，是中国教材体系不断完善成熟的"助力源"。虽然不同时期教材话语呈现出不同特色，但通过对知识话语资源的深入挖掘和系统阐释，教材铸魂育人价值的"中国底色"得到彰显。世情的党情的国情的变化，是落实教材建设国家事权的基本依据和现实基础。就铸魂育人的价值层面而言，教材要通过理论话语回应国家需要、时代要求和人民需求，特别是教材所呈现的国家意志话语生成逻辑与实践根源，为落实教材建设国家事权的政策制定、实施、监管、评估与检验提供理论依据与实践场域。事实证明，教材建设国家事权不是凭空产生的，也不是基于纯粹理性的推演而得到的理论，而是一个经过历史考验和实践证明的理论，是一种合规律性和合目的性的价值选择。

在落实教材建设国家事权的过程中，需秉持对建构中国特色高质量教材体系的自觉体认，坚持党管教材的价值立场，以高度的时代使命感进行教材建设，探寻落实教材建设国家事权的实践动力。唯其如此，才能在推动中国特色高质量教材体系建构中坚定四个自信，推出培根铸魂、启智增慧、适应时代要求的教材话语体系。

三、实践路径：落实教材建设国家事权的行动指引

从教材建设国家事权行动逻辑来看，应将其置于治国理政战略高度中加以阐发。在教育现代化的行动助力下，应正视教材建设国家事权落实面临的现实困境，解决好教材内部与外部价值链构造等深层次约束和问题。这一行动旨在实现与教材价值知识、教材育人愿景的深度融合，既要确保教材工作正确方向和提升教材建设质量，又要确保教材建设符合国家发展战略，为培养担当民族复兴大任的时代新人提供有力支撑。

一是要以整体性视角落实教材建设国家事权。教材建设实质上是国家意志的体现，是国家事权，有着很强的国家主导的指向性逻辑。在中国国情面前，教材建设面临突出问题和潜在风险，尚不足以支撑教育强国与教育现代化的实现。从现实来看，在复杂多变的社会环境中，学校作为检验教材系统建设和规划成效的重要场域，为落实教材建设国家事权提供了制度安排与执行指引，使教材领域面临的意识形态风险能够在国家意志主导下得以化解，从而提升国家事权运行和教材育人效果。与此同时，以国家意志为主导的教材建设，既是实现教育现代化的基本盘，又是以整体性视角推进育人合力的驱动力。教材建设国家事权并不单纯是自然生成的，从建构主义目的论出发，要提升社会公众对教材的了

解和认知水平，应更专注于实现教材建设国家事权的整体性推进，培育强而有力的整体性协同参与力量。

二是要提升教材建设国家事权的行动愿景。深化教材领域的国家事权配置，能够有效增强社会公众对教材建设国家事权的共识性认同，这是实现社会信念、价值追求与目标旨趣的关键之举。在教材体系多元实施和运行的背景下，如果说整合与协同是落实教材建设国家事权的路径依赖，那么弥合教材管理能力水平与发展需求之间裂痕，则是推动教育事业良性发展的必然要求。从这个意义上说，促进教材体系化、类别化和个性化实施，对于建设中国特色高质量教材体系具有重要的方法论意义。在教材治理体系中，需要加强社会各界对教材建设的参与能力，调动社会公众参与教材建设、管理与监管各流程，并提供科学的机制设计与行动方法，以克服单一机制应对复杂性问题的乏力。

三是要以行动反思为途径落实教材建设国家事权。教材建设既要运用国家力量加强引导和规范，也需要在时代发展中释放活力。由此，落实教材建设国家事权需要重新审视机制设计与行动方案，不能处理为简单的文本创作或解读，而应以"一坚持五体现"为基本遵循，[1] 不断融入时代元素，更好把握"时之变者"。在此基础上，贯彻教材建设国家事权的实践要求，把握时代脉搏，进行行动反思。这种反思不仅包括对教材建设理路的回应，还涵

---

[1] 郑富芝.尺寸教材悠悠国事——全面落实教材建设国家事权 [N].2020-01-21(13).

括了与教材育人所呈现的思想、情感、行为表现的对话。无论时代如何变革，教材建设是国家事权，是国家意志在教育领域的直接体现。就新时代教材建设铸魂育人的实践场域而言，更应审视教材建设在教育现代化治理中的功能定位与行为取向，不仅自觉确立对国家的政治意识形态认同，而且还要基于这种认同完善自身行动机制，[1]释放教材建设国家事权应有的效能。

第四节　本章小结

历史、理论和实践逻辑表明，教材建设国家事权是一项系统工程，它与社会发展及育人使命密切相关。在推进中国式现代化的进程中，教材建设不仅要服务于国家的长远发展战略，还要紧密结合国家的现实需求和未来发展方向。这就要求教材内容既要有深厚的历史文化底蕴，又要有前瞻性和创新性，以培养学生的创新思维和实践能力，为国家的现代化建设培养合格的人才。

在当今社会，教育现代化已成为推动国家发展和社会进步的关键因素。为了实现这一目标，我们必须将教材建设作为一项重要的战略任务来抓。这意味着，我们要以实现教育现代化的宏伟蓝图为指导，对教材进行深入的研究和系统的规划，确保教材的内容、结构和教学方法都能够与时俱进，满足现代教育的需求。

---

[1] 曾盛聪.迈向"国家－社会"相互融吸的整体性治理：良政善治的中国逻辑 [J]. 教学与研究 ,2019(1):86—93.

一是要全面加强党对教材建设的领导，充分体现时代新人铸魂工程的战略意志。教材具有鲜明的意识形态属性、价值传承功能，是立德树人的核心载体，必须旗帜鲜明地体现党和国家意志。二是要适应国家战略需求。党的二十大报告提出，"深入实施科教兴国战略、人才强国战略、创新驱动发展战略，开辟发展新领域新赛道，不断塑造发展新动能新优势"[1]。教材是人才培养的重要支撑、引领创新发展的重要基础，必须紧密对接国家发展重大战略需求，不断更新升级，更好地服务于高水平科技自立自强、拔尖创新人才培养。三是要在教材内容、结构设计、方法理念以及体制机制创新等方面着手，促进教材同国家权力结构或意识形态的逻辑自洽，探寻教材建设国家事权新方向、新愿景，更好构建中国特色的教材体系、学科体系、理论体系。

---

[1] 习近平.高举中国特色社会主义伟大旗帜为全面建设社会主义现代化国家而团结奋斗——在中国共产党第二十次全国代表大会上的报告 [M].北京：人民出版社 ,2022:33.

第二章

新时代高质量新闻传播学教材建设的重大意义及内涵本质

　　建设教育强国是全面建成社会主义现代化强国的战略先导，是实现高水平科技自立自强的重要支撑，是促进全体人民共同富裕的有效途径，是以中国式现代化全面推进中华民族伟大复兴的基础工程。用心打造培根铸魂、启智增慧的精品教材，是建设教育强国的重要一环。经多年探索发展，新闻传播学教材建设已有了一定的思想资源、历史经验与现实基础，但也存在着多而不精的问题。近年来，教育部启动了中国新闻学教材建设工作，充分表明打造新闻传播学精品教材是学界和业界的共同职责和时代追求。因此，在学习习近平总书记关于教育高质量发展的基本内涵和基本原则论述的基础上，本章深入挖掘高质量新闻传播学教材建设的意义和本质。

第一节　教育高质量发展的基本内涵与基本原则

一、习近平总书记关于高质量发展重要论述的价值意涵

　　党的十八大以来，国际国内形势发生深刻变化，传统以资源

与劳动力为主要消耗的增长模式日显乏力，低端产品供给过剩，高新产业供给不足，要素成本持续上升，劳动力数量红利逐步消失；与此同时，新一轮科技革命和产业革命呈爆发之势，数字经济、人工智能、5G技术等领域越发成熟，深刻影响着社会生产变革。要实现社会资源的智能匹配和全球资源的优化配置，提高产业链的效率和安全性，彻底改变传统发展方式与发展理念，产业结构转型升级的需要越发强烈。面对这样的新形势、新问题，习近平总书记深刻把握我国经济发展转型的规律与趋势，围绕破解新时代社会主要矛盾这一重大课题，创造性地提出了高质量发展这一重要论述。习近平关于高质量发展的系列重要论述，是关于新时代高质量发展的基本理论、基本观点以及实践总结，主要回答了什么是高质量发展、怎样高质量发展的重大问题，对于我们深刻把握发展的内在规律、破解西方发展理论的迷思、逐步实现人民日益增长的美好生活需要，具有重大理论与现实意义。

马克思主义发展观是习近平关于高质量发展重要论述的理论来源。马克思主义发展观认为，经济社会发展是"一种自然史的过程"[1]，其客观内容、发展趋向具有历史必然性。生产力水平以及与之相适应的生产关系与交换关系之间的相互作用，是推动人类社会发展变革的内在动力。科学技术是影响生产力的重要因素，科学技术的每一次变革都意味着人类生产力水平的进步。同时，

---

[1] 马克思，恩格斯. 马克思恩格斯文集（第五卷）[M]. 北京：人民出版社，2009:10.

社会发展离不开人的发展，社会发展的条件、尺度和最终指向皆是人的自由全面发展。

习近平总书记关于高质量发展的重要论述继承了马克思主义发展观，立足我国社会主要矛盾转化、国际国内发展环境变化以及新时代中国经济社会发展的关键问题，对发展的规律、发展的动力、发展的价值取向等问题做出深入阐释，充分发展了马克思主义发展观。习近平总书记认为，高质量发展就是"满足人民美好生活需要的发展"，是体现新发展理念的发展；创造性地将发展与保障民生结合起来，将物的全面增长与人的全面发展结合起来，探索出一种"见物"且"见人"、"量多"又"质好"的发展模式。同时，他十分重视科学技术对提高经济发展质量的贡献，创造性提出"新质生产力"。将发展新质生产力作为推动高质量发展的内在要求和重要着力点。通过新质生产力的重要论述，聚焦创新的前沿领域与核心技术，为新发展阶段的科技创新指明了前进方向。

二、教育高质量发展的基本内涵

党的二十大报告中指出，要"坚持教育优先发展、科技自立自强、人才引领驱动，加快建设教育强国、科技强国、人才强国"[1]，明确将教育强国建设作为未来建设社会主义现代化强国的

---

[1] 习近平.高举中国特色社会主义伟大旗帜为全面建设社会主义现代化国家而团结奋斗——在中国共产党第二十次全国代表大会上的报告 [M].北京：人民出版社 ,2022:34.

重要一环。实现教育的高质量发展是实现教育强国的根本保证。"十四五"规划《纲要》明确指出,未来我国经济要实现"更高质量、更有效率、更加公平、更加持续、更为安全的发展",为我国经济发展指明了前进方向。结合对经济社会高质量发展本质要求的科学把握,本书将教育高质量发展理解为能够满足人民群众日益增长的更高质量、更加公平、更有效率、更可持续发展、更为安全可靠的教育需求的教育体系。

"更高质量"是教育高质量发展的核心,是与人民日益增长的美好生活需要相对应的,受教育者接受的教育质量相比之前大幅提高,体现了从"有没有"到"好不好"体系的核心,是在人民群众"有学上"的需要向"上好学"的需要的普遍转变这一时代背景下教育事业发展质量的全面提升,充分体现了新时代历史背景下,广大人民从"学有所教"向"学有优教"的历史跨越。

"更加公平"即坚持以人民为中心发展教育,通过大力发展教育事业不断丰富人民群众的精神世界,增进民生福祉。"更加公平"是建立在"更有质量"的基础之上的,教育质量和教育公平应协调发展、相互促进。这里的公平并不是指普遍意义上的受教育权利公平,而是全体人民均能获得高质量教育权利的状态,是"有质量的教育公平"。

"更有效率"是指在教育投入的科学规划下,教育事业所产生的社会效益不断提升。它强调教育的实际贡献率,主张减少教育体系的内卷化倾向,优化教育结构与资源配置,并与社会经济事业发展实现供需适配。同时，也追求教育活动对人的全面发展的实际贡献以及教育成果在经济、科技等领域的实际转化。

"更可持续发展"要求国家结合经济社会发展、生产力变革的趋势，更加科学、合理地进行教育事业发展规划，合理规划各种教育资源投入比重与权重，不断优化教育布局与结构，防止出现教育结构与经济社会发展结构错配、教育资源投入与国家人口结构变化不协调、产业结构转型升级脱节，确保教育事业发展不因客观不可抗力因素被迫中断或出现资源过剩等情况，让教育事业发展更具前瞻性。

"更为安全可靠"意味着教育事业发展必须与维护社会安定稳定有机结合，要确保教育事业不对社会发展产生"负外部性"，既要防止因教育活动失当引发意识形态、心理健康、社会舆情、人身安全等方面的问题，又要防止教育内卷化引发的普遍性社会焦虑，还要防止教育被不法分子以及敌对势力侵扰渗透。

三、 以新发展理念构建教育高质量发展的基本原则

习近平总书记指出："高质量发展，就是能够很好满足人民日益增长的美好生活需要的发展，是体现新发展理念的发展。"[1]党的十九届六中全会强调，"贯彻新发展理念是关系我国发展全局的一场深刻变革"[2]。新发展理念是我国推动高质量发展的根本遵循。

---

[1] 习近平. 习近平著作选读第二卷 [M]. 北京：人民出版社 ,2023:69.
[2] 中共中央关于党的百年奋斗重大成就和历史经验的决议 [M]. 北京：人民出版社 ,2021:34.

教育高质量发展是我国经济社会高质量发展的重要组成部分，应当以新发展理念构建教育高质量发展的基本原则，将其中的发展内涵与教育事业自身发展规律有机结合，建设更高质量、更加公平、更有效率、更可持续发展、更为安全可靠的教育体系。

（一）改革创新理念

党的二十大报告指出，"教育、科技、人才是全面建设社会主义现代化国家的基础性、战略性支撑"[1]。"创新发展是由理论、制度、科技、文化等方面组合而成的综合体，是社会发展进步的动力。"[2]创新所带来的新技术的诞生与生产力变革必须依托劳动者、劳动资源与劳动工具这些载体才能实现。教育正是推动创新与人相结合的社会活动。当前，我国教育正处于由政策主导到自主发展的动能转换阶段，必须依靠大学自身改革创新激发内生动力，从而实现更高水平、更具特色、更有活力、更高质量的发展。因此，观念与制度的创新、体制与体系的改革，必然成为高等教育高质量发展战略转型的核心推动力。

（二）协调共生理念

推动教育高质量发展，建设教育强国，是建设社会主义现代化强国的重要组成，这决定了教育必须承载服务经济社会发展的

---

[1] 习近平.高举中国特色社会主义伟大旗帜为全面建设社会主义现代化国家而团结奋斗——在中国共产党第二十次全国代表大会上的报告 [M].北京：人民出版社 ,2022:34.

[2] 宋丹，曾剑雄，高树仁，等.新发展理念："双一流"建设的新路向 [J].大学教育科学 ,2017(4):17—23.

重要职能。协调共生理念一方面倡导教育的规模、结构、质量、效益实现内在协调，另一方面又主张教育所承载的政治功能、经济功能、文化功能和育人功能的有机统一。[1]长久以来，教育发展与经济社会发展失衡问题严重制约了各层次教育社会效益与经济效益的同步提升。许多高等院校专业设置结构不合理，与国家、区域经济发展结构、产业结构匹配度不高。教育体系内在结构优化与外在功能耦合是紧密联系在一起的，我们既要关注教育的内部结构优化，又要关注教育作为建设社会主义现代化强国的一个重要环节，与其他环节之间的协调发展与有机衔接，让教育更好地服务经济社会发展，成为推动科技创新与新质生产力发展的重要保障。因此，要构建协调发展理念，实现不同层次教育之间的协调发展、同一类型教育内部结构的协调优化以及教育体系与经济社会发展体系之间的有机统一。

（三）绿色发展理念

"绿色发展"强调各级教育主体在遵循教育办学运行规律的前提下，不断优化教育生态环境，不断强化办学特色，突出优势资源，降低同质化竞争、内部消耗与重复建设，实现教育资源的优化配置与效益的持续提升。过去的教育发展过分追求量的增长，在招生规模、教师数量、学校数量、成果数量等方面实现大幅扩张，在推动教育发展的同时也引发了许多结构性问题。一些学校

---

[1] 林杰, 刘国瑞. 基于五大发展理念的高等教育强国建设研究 [J]. 现代教育管理, 2018(7):8—14.

盲目扩张，导致学生质量参差不齐；一些教育培训机构过度"贩卖"社会焦虑，引发个别学生出现异常心理；一些高校盲目开设热门专业引发同质化竞争，导致毕业生供求结构失衡。对此，教育主体要树立"绿色"发展理念，尊重人才培养规律、教育发展规律，要有效降低教育活动对社会带来的"负外部性"，严格控制教育市场化速度，阻止教育活动逐利性观念蔓延，尽可能降低各类教育主体的重复建设与同质化竞争，防止出现教育内卷化与社会焦虑。

（四）开放多元理念

开放合作是一个国家构建教育竞争力的重要源泉。教育事业既是一项重要的民生工程，又是关乎国家核心竞争力与文化软实力建设的国际工程。发展教育事业是各个国家的基本共识，对此，我们应当以更加开放包容的姿态审视各个国家的教育理念与教育模式，充分借鉴不同国家的办学经验，推动自身教育高质量发展。同时，开放合作理念还包含打破教育主体的排他性特征，主动开放教育领域，吸收社会优质资源、资金与技术，以更加包容的视角审视教育工作；积极推进各层次教育，尤其是高等教育的办学主体多元化，创新高等教育发展动力，不断完善政府、社会、学校相结合的共建机制，形成多元投入、合力支持的格局。

（五）共建共享理念

共享是中国特色社会主义的本质要求，是坚持以人民为中心发展思想的现实表现，是教育的最终价值旨归。共享理念强调人人都是教育事业的参与者，同时，教育事业发展成果也必须由全社会共同享有。它一方面要求各教育主体要树立以人民为中心的教育原则，坚持将办好人民满意的教育、实现惠及全体人民的教育作为自身事业发展的根本目标；同时也强调人人都是教育的建设者和参与者，突出强调推动教育事业发展的公民义务。

第二节　高质量新闻传播学教材建设的意义和本质

一、高质量新闻传播学教材建设的意义

组织编写一批体现中国立场、中国理论、中国实践、中国话语的优秀教材，是一项打基础、利长远的系统工程，是加快构建具有中国特色、中国风格、中国气派的哲学社会科学必然选择。当前，对新闻传播学教材建设而言，最重要最紧迫的任务，就是要立足新时代、扎根中国大地，编写出版高质量的新闻传播学教材，更好地总结中国新闻传播学实践，服务于一流中国新闻传播人才的培养工作。党的十八大以来，习近平总书记从新时代新闻舆论工作建设需求出发，提出了一系列富有创新性的重要思想、重要观点、重要论断，为建设中国新闻学教材指明了方向，提供了根本遵循。中共中央、国务院印发的《质量强国建设纲要》强调要建设高质量教育体系。教材作为知识传播的核心载体，教材质量的高低直接决定了教育质量。由此可见，高质量是新时代对我国新闻传播学教材建设的基本要求。

建设高质量新闻传播学教材是坚持马克思主义新闻观的定盘星地位。党中央将高校教材的政治建设上升到国家意识形态安全的高度。中国新闻学教材建设是国家意志的具体表现,事关国家事权,属于国家主权的一个部分。我国的新闻传播事业以马克思主义新闻观为基本指导思想,马克思主义新闻观教育是新闻传播人才培养体系中的"定盘星"。习近平总书记关于新闻舆论工作的重要论述是马克思主义新闻观的最新理论成果,也是培养适应新时代的新闻舆论工作优秀人才和后备力量的根本遵循。通过编写一批优秀教材,从学理上全面论述、准确阐释习近平总书记关于新闻舆论工作的重要论述,帮助新闻传播学学科专业的广大师生深入领会把握科学内涵、核心要义、精神实质、实践要求、重大意义,用科学理论武装头脑,引导学生树立正确新闻志向,做业务精湛、作风优良的新闻工作者,事关中国新闻事业的兴旺发达,事关国家的长治久安。

建设高质量新闻传播学教材是总结我国新闻事业发展成就的重要举措。我们党历来高度重视新闻传播工作,党的领导人曾多次亲自撰写、修改、发布重要的新闻报道,制定了一系列党对新闻工作的要求和方针。中国共产党成立100年来,新中国成立70多年、特别是改革开放40多年来,中国新闻事业取得了巨大的成就,积累了丰富的实践经验。教材建设是衡量专业办学水平的重要标志,是深化教学改革、巩固教学改革成果、提升教学质量、造就高素质人才的关键抓手。当前,国内外形势比较复杂,面对百年未有之大变局，面对两个百年奋斗目标，要想更好地立足新时代、体现新要求，唱响主旋律、打好主动仗，在激烈的内外斗争中确保正确方向、赢得主动，亟须对中国新闻事业的实践和经验进行总结概括，并将之凝练体现在中国新闻学教材中，把我们的好做法、好经验概括好、讲述好，帮助学生理解中国国情和发展之路，引导学生坚持党性原则，坚持正确的舆论导向，讲好中国故事，做好"喉舌"工作。

建设高质量新闻传播学教材是构建中国新闻传播学自主知识体系的必然要求。新闻传播学教学、研究已经积累了丰富的成果。从新闻业界来看，也已涌现了一大批优秀的作品。相比而言，因缺乏轴心问题的提炼，缺乏知识逻辑的内在自洽，缺少价值导向的有力聚合，新闻传播学理论建设仍然存在原创性不足，解释力不够，标识性的新概念、新范畴、新表述相对缺乏的问题，还没有构建起中国自己的新闻传播学理论体系。当下的新闻传播学博、硕士研究生的论文写作多以西方舶来的理论为基础，鲜有学生使用中国的新闻理论，可见中国新闻传播理论的匮乏，这与丰富的中国新闻实践形成了巨大的反差。中国新闻学教材的建设要推动新闻学的基础理论、基本知识点的深化和发展，通过教材建设推动中国新闻传播学理论建设。这就需要我们以新闻传播学教材为载体，进一步总结规律，深化研究，提升中国新闻传播学理论建设水平，最终形成体现中国立场、中国智慧、中国价值的自主知识体系，提升影响力和国际话语权。

二、 高质量新闻传播学教材建设的本质

新闻传播学教材建设是一项系统工程。近年来，在多重因素的推动下，新闻传播学教材事业高速发展，实现了数量的重大突破。然而，面临国内外舆论环境、媒介技术和高等教育的深刻变革，新闻传播学教材发展失衡的现象日益突出。"高质量发展"作为建构中国特色新闻传播学教材体系建设的重要指标，既是现实所需，也是必然要求。

（一）政治立场与专业规律平衡统一

正确的政治立场是新闻传播学教材建设的根本遵循，是对"为谁培养人"这一问题的有效回应；专业规律则是学科知识生产的重要立足点，是优质内容的关键内核。因此，政治立场和专业规律的平衡统一，从根本上解决了新闻传播学教材建设的归属与走向问题，也为卓越人才培养提供了重要依据。新闻传播学科具有鲜明的政治属性，其起源和发展始终与政治深度勾连，但若一味强调意识形态属性，将会磨灭本学科知识的专业性和普遍意义，阻碍新闻学理论及实践的协调发展[1]。因此，在新闻传播学教材中强调政治立场与专业规律的平衡发展，既是体现新闻传播学教材价值性和科学性协调统一的必然要求，也是保持教材生命力的核心手段。

长期以来，史论类教材中"重政治轻专业"的倾向较为明显，

---

[1] 邓绍根，李兴博.百年回望：论中国新闻传播教育发展历程及其特点 [J]. 现代传播 (中国传媒大学学报),2019,41(6):155—164.

这一现象的成因既有历史因素，也有现实因素[1]。新中国成立之初，我国新闻传播教育深受苏联范式的影响，"政治至上"是新闻理论和业务发展的根本遵循，大部分新闻传播学专著及教材在很长一段时间内以"政治话语一统天下"，新闻事业的职业特征和工作规律在一定程度上被忽视[2]。而"重专业轻政治"则多见于技术前沿和实务类教材。伴随西方理论崛起和媒介技术变革，新闻传播学教材中"重专业轻政治"的倾向日益凸显。20世纪80年代，以信息论、系统论和控制论等学科为基础的传播学进入中国，西方社会科学规范的学科范式引发了新闻传播学者对于科学性和专业性的反思，大量国外理论及其教材进入中国，其中不乏部分西方意识形态和危害国家安全的言论伪装成"先进理念"渗透进教材，致使教材的意识形态属性遭到稀释[3]。进入21世纪，随着互联网普及和意识形态斗争日趋激烈，一些戴着各色"面具"的错误思潮进一步引发了社会价值裂变，一定程度上稀释了青年学生的民族认同感和国家认同感。加之数字媒介的快速发展和大数据、云计算等技术的持续渗透，"去中心化"和"技术至上"的媒介实践取向对新闻传播学的价值性形成了挑战[4]，甚至将新闻传播学推

[1] 陈力丹.回归新闻学本体——改革开放30年来我国新闻理论教材结构的变化[J].国际新闻界,2008,(12):12—17+39.

[2] 纪忠慧.新闻理论体系建构的三个十年[J].国际新闻界,2008,(12):18—23.

[3] 张涛甫,张大伟.脱嵌与回归：新闻学教材建设的意识形态考量[J].现代出版,2021(4):9—14.

[4] 张涛甫,张大伟.脱嵌与回归：新闻学教材建设的意识形态考量[J].现代出版,2021(4):9—14.

向了"唯专业论"的极端。

寻求政治立场与专业规律平衡统一的基础，在于明确二者在新闻传播学教材中的功能定位及内在关联。首先，需确立马克思主义新闻观在本学科教材知识生产和传播过程中的根本指导地位，通过生动的语言和前沿的案例，学理化、科学化地将马克思主义新闻观和中国共产党新闻理论深入贯穿于教材编写之中；其次，重点关注"失衡"状况频发的几类教材，尤其是实务型教材、外译教材中意识形态属性缺失等问题，创造性地激活和融入思政元素，助推价值引领和知识传授同频共振。再次，优化教材编审制度，促进二者协调统一，加强教材审读制度，制定细致可考的教材评价指标，借助多元社会力量以实现价值性和专业性的平衡[1]。

(二) 中国特色与世界眼光有机融合

新时代以来，学术中国正渐次走向世界，而新闻传播学作为与全球交流频繁、深受国外研究范式影响的学科，以什么样的姿态走向世界，如何通过新闻传播学教材将本土化的学科体系、学术体系、话语体系结构化和具象化，无疑是当前教材编写中亟待解决的问题之一。在此情境下，如何突破西方主导性国际话语障碍，推动外来理论的本土化与价值相融合，大力推进中国特色哲学社会科学话语体系创新，建构具有中国特色和世界眼光的新闻传播学知识体系尤为重要。

---

[1] 张东刚.传承红色基因，赓续红色血脉走好建设中国特色、世界一流大学新路[J].教学与研究,2022,(6):5—8.

当前，新闻传播学教材中所呈现的理论知识和话语未能实现中外融通，部分教材中西方理论与本土理论比例失衡，学科自信和理论自信尚未建立。一方面，扎根于中国本土的原生理论相对匮乏，以传播学为代表的新闻传播学教材中大量学术理论和学术话语直接援引自国外，具有较强的"学徒心态"，而舶来概念在解释本土新闻传播学实践时存在不适配性，使得概念引介的准确性和可见性大打折扣[1]，两者的粗放式整合引发了理论与实践"两张皮"、本土教材和外译教材内容"脱节"和"入侵"两极分化等消极影响[2]。另一方面，长期以来，我国业已形成的"党报理论"等本土理论，由于对外传播力和对外传播渠道的局限，难以获得国际共识，受关注度较低[3]。

当今，"世界各处都声息相通，动静相关"[4]，打造具有中国特色、兼具普遍意义的新闻传播学教材，需立足于中国国情与全球格局，针对中国问题，提出本土化的理论与设想，在前沿领域提供中国方案，通过构建、阐释和传播本土化的新闻传播学概念、范畴和理论，最终实现话语权的争夺。百年中国共产党新闻宣传思想和实践为新闻传播学教材的本土化理论提供了重要依据和经验材料，而新闻传播学教材既需要总结特色鲜明的本土化理论，

---

[1] 张东刚. 构建具有中国特色的哲学社会科学学科体系、学术体系、话语体系 [J]. 文化软实力 ,2016,1(2):5—9.

[2] 柳斌杰. 在改革中构建新闻传播教育体系 [J]. 现代出版 ,2014(3):5—11.

[3] 张东刚. 构建具有中国特色的哲学社会科学学科体系、学术体系、话语体系 [J]. 文化软实力 ,2016,1(2):5—9.

[4] 许倬云. 许倬云观世变 [M]. 桂林：广西师范大学出版社 ,2008:17—18.

又应该对全球范围内的新闻传播学问题进行回应，为之提供中国智慧和中国方案，具体而言可从以下三点着手。第一，在合理借鉴与自主创新之间寻求平衡，对我国已经形成共识的本土新闻传播学话语、概念、范畴及理论进行更加规范化的总结与阐释，立足中国实践，升华中国理论，创造性地运用中国理论解释中国实践，同时与世界前沿理论进行对话，吸收借鉴国际学术话语体系中的一些基本概念、范畴，结合当代中国国情和实践，创造新概念、新范畴、新方法，发展与西方话语系统兼容互补的话语体系。第二，深刻把握媒介技术变革过程中的实践经验，近20年来，全球互联网飞速发展，从目前已取得的成就来看，我国已引领全球的互联网发展。在把握新闻传播学教材的意识形态逻辑、教育逻辑和知识逻辑的基础之上，充分总结以网络与新媒体为代表的强势领域的实践经验，发挥我国在该领域的突出优势，以解决全球互联网发展不平衡问题为导向，为网络与新媒体的全球发展提供可靠的中国方案。第三，立足于"百年未有之大变局"和"人类命运共同体"的国内外形势，实现全球视野与中国立场统一，加强以教材为介质的国际学术交流，在教材中呈现融通中外的新概念、新范畴、新表述，以展示中国方案和中国形象，通过学术研讨、校际合作、教材翻译等形式进行教材对外传播，增强中国特色新闻传播学科的自信，提升我国新闻传播学教材在全球新闻传播学界的影响力，高效整合资源，以整体合力推动中国经典教材走出去。

（三）历史传承与发展创新深度协同

高质量的新闻传播学教材，既要包含对历史经验的总结和现实的认识，也应涉及对未来的预判。坚持历史传承和发展创新的深度协同，是应对技术之变、学科之变和时代之变的根本方法。经过长期的历史积淀，一门学科逐渐形成了集体智慧和广泛共识，这些相对稳定的知识体系是新闻传播学得以独立的重要基础，也是新闻传播学教材发展之基。新闻传播学建设，既要积极吸收相对成熟、认可度较高的新闻传播学理论知识，也要继承发扬本学科教材编写的优秀历史传统。传承优秀历史为新闻传播学的发展创新提供了不竭动力，高速变化的时代环境与技术环境推动着新闻传播学知识快速迭代，创新是新闻传播学发展的永恒主题，也是技术发展、社会变革和历史前进对本学科的必然要求。对于新闻传播学教材而言，发展创新的意义在于立足当下，努力弥合新闻传播学理论知识因循守旧与行业发展日新月异之间的鸿沟，与时俱进，面向未来，积极应对时代发展和媒介变革对新闻传播人才的全新要求。

当前，新闻传播类专业的教材内容、教材体系明显落后于时代。我国新闻传播学科知识关注量的积累，新闻传播学理论因循守旧，缺乏对新闻理论逻辑结构和前沿内容层面的突破[1]，"惯性"思维严重，教材内容创新性及前沿性不足。第一，新闻传播学理

---

[1] 张涛甫.新闻学理论创新：问题与突破 [J]. 新闻记者 ,2015(12):18.

论过度依赖既有成果和既有研究范式，缺乏创新思维，制约了教材体系和学术体系的良性发展，学者李彪批判性地将其描述为"学术惯性"[1]，这造成了我国新闻传播学界长期以来思辨研究压倒实证研究的局面。从某种意义上来说，这种具有持久力的负面观念制约了新闻传播学知识的革新和教材编写的创新。第二，教材编写"模式惯性"问题突出，学科知识结构和教材框架老化。从教材框架来看，我国新闻学理论体系构建不足的历史原因与早期新闻传播学理论专著模块化写作范式不无关系[2]，经验式和随机式的研究方法割裂了概念和理论间的整体性和延续性，使得理论的解释力大打折扣[3]。第三，前沿课程教材稀缺，教材内容对接媒介前沿发展的眼光及能力不足，未能与日新月异的媒介环境形成互动，媒介形态的重大变革不仅重构了新闻学研究对象，更颠覆了既往新闻学知识生产模式和传播模式，传统媒介时代所形成的既有理论和知识难以有效地实现知识转化和理论构建，使得教材内容"出版即落后"[4]。有学者直言新闻传播学科体系的落后应归咎于滞后于技术发展的需要[5]。许多传统媒体组建新媒体部门，同时大量自媒体、社会化媒体诞生，然而目前我国新闻传播学教材多集中于传统学科领域，对接国家战略，回应前沿发展的国际传播、

[1] 李彪，赵睿. 新世纪以来新闻传播学研究的生命周期及学术权力地图 (2001—2016)——基于科学知识图谱的分析 [J]. 国际新闻界，2017,39(7):6—29.
[2] 齐爱军. 新闻理论体系：问题、反思与建构 [J]. 新闻大学，2006(4):8—11.
[3] 齐爱军. 新闻理论体系：问题、反思与建构 [J]. 新闻大学，2006(4):8—11.
[4] 张昆. 高校新闻传播类专业课程建设的思考 [J]. 新闻与写作，2020(2):66—73.
[5] 柳斌杰. 在改革中构建新闻传播教育体系 [J]. 现代出版，2014(3):5—11.

媒介融合、数据新闻、智能传播等相关教材少之又少[1]。与此同时，以"马工程教材"为代表的统编类教材编写、修订周期较长，也是导致内容前沿性不足的外在因素[2]。

从历史经验来看，在对历史经验总结借鉴的基础之上加以批判创新，是新闻传播学教材赓续优良传统、紧跟时代需求的有效路径。要实现新闻传播学教材中的历史传承和创新发展，可重点从五个方面着力。其一，要坚持以马克思主义新闻观为指导。脱胎于社会主义情境的马克思主义新闻观具有鲜明的时代特色，为认识真理开辟了全新的道路，提供了根本遵循。同时，必须以马克思主义世界观与方法论指导新闻传播学科建设实践，深入贯彻落实习近平总书记关于新闻舆论工作重要论述，深刻把握中国共产党新闻工作的历史经验，以守正创新、融合发展的眼光审视学科建设，正确处理好变与不变、继承与发展、原则性与创造性、价值性与科学性的相互关系，形成一个与时俱进、不断充实、自我完善和创新、发展的充满生机与活力的学科体系。其二，强化经典理论的传承与创新。批判继承与锐意创新是马克思主义新闻观的应有之意。因此新闻传播学教材体系建构必须以新时代为背景，积极发挥马克思主义新闻观的时代性、语境性和发展性，批判性地学习和吸收国内外业已形成的成果和经验，加强教材内容

[1] 余瑾毅. 当代中国新闻理论体系的变与不变及困境探析 [J]. 新闻前哨，2020(8)：101—102.
[2] 谢兴政. 高校"马工程"新闻传播学教材建设探讨 [J]. 新闻大学，2021(9)：28—39+117.

和理论研究与时代发展的紧密程度[1]。融通古今中外各种资源，重点把握好马克思主义新闻观经典理论、中国共产党百年新闻舆论工作实践、中国新闻传播学经典论著与教材等多方面资源，推动新闻传播学教材在继承的基础上实现创新。其三，积极推进经典教材的再版与迭代。近年来，我国新闻传播学界涌现出一批具有代表性的经典教材，如高校"马工程"新闻传播学系列教材、首届全国教材建设奖获奖教材等。这些教材在框架建构、理论阐述、内容编写、案例阐释等方面表现突出，此类经典教材可通过修订再版的形式实现前沿理论和知识的迭代。其四，借鉴既有经验，拓展新兴领域教材。对于教材发展尚不成熟、需"从零开始"规划编写的新兴专业教材，如国际新闻、网络与新媒体等前沿专业，在内容方面力求创新，积极对接国际形势变化与业界发展，实现理论与现实的对话，在编写方面可借鉴已有的成熟教材框架、编写团队组织方式、撰写方式等。其五，改革教材呈现方式。伴随数字化、可视化、虚拟现实等技术设备的发展，电子教材、在线教材、教材数据库等数字化形式为读者提供了更大的便捷，新闻传播学教材出版应在教材编写过程中积极引入数字化技术，以互联网、数据库等基础设施和信息化建设为依托，通过信息化平台实现资源共享，为新闻传播学教材创新提供有力支撑[2]。

---

[1] 张东刚. 构建具有中国特色的哲学社会科学学科体系、学术体系、话语体系 [J]. 文化软实力, 2016, 1(2):5—9.
[2] 高晓虹, 赵希婧. 守正创新：我国新闻传播教育理念探索与实践转型 [J]. 中国出版, 2020(14):3—9.

（四）学科独立与交叉融合双向互动

清晰的学科边界是学科明确研究范畴、构建理论体系和确立学科自信的逻辑起点。知识体系的相对独立性意味着一门学科研究对象的特定性和知识体系的不可替代性，唯有如此，一门学科方能确立[1]。而在新文科建设快速推进和智能技术蓬勃发展的当下，新闻传播学科面临深度变革，学科融合成为大势所趋，尤其是在新媒介技术的推动下，网络化、数字化、智能化的新兴媒介时代已经到来，新闻传播学的研究范畴、研究方法和研究视角持续延伸。与此同时，媒介作为一种内生动力成为推动社会发展的关键力量，高度媒介化的社会已经到来，媒介嵌入人类社会生活的方方面面，媒介的功能也在信息传播的基础之上不断延展，对整体社会机制构成、社会运行方式、社会动力体系、社会问题造成冲击，新闻传播学不可避免地与计算机科学、人工智能、舆论学等新型学科交叉融合，衍生出大量新兴研究方向[2]。因此，面对上述媒介技术的推动以及媒介与社会关系的重塑，新闻传播的方式正发生着变革，这也要求新闻传播学科本身打破传统的学科边界，与其他学科实现交叉融合。不断审视并重新厘清自身学科边界，处理好学科独立和跨学科融合的关系，能够为新闻传播学长期保持活力提供不竭动力。

---

[1] 张昆.新闻传播学科建设要回归教育本身——对五轮全国一级学科评估的思考[J].出版广角,2021(17):28—32.

[2] 延宏.边界突破、科学素养与开放趋向——新文科背景下中国新闻传播学科教育的三个转向[J].青年记者,2021(16):96—97.

当前，学科边界模糊、研究范畴失焦、学科融通不足等问题在不同程度上阻碍了新闻传播学"三大体系"的建构，这也是引发新闻传播学教材体系发展失衡的主要原因。我国新闻学高等教育肇始于1917年，但长期以来新闻传播学界关于"新闻无学"和"新闻有学"的论争从未停息。这一论争反映了我国新闻传播学知识缺乏长期性、系统性的积淀，未能形成规范稳定的学科体系、学科范式，学科合法性不断受到质疑和挑战。具体而言，新闻传播学理论门槛较低，核心研究问题相对分散，在学术共同体内部缺乏共识性的理论成果[1]，理论门槛低下直接导致新闻传播学迟迟未能建立起学科自信，尤其当其他学科边界不断拓展融合时，新闻传播学在知识生产和研究方法层面都持以相对保守的姿态，鲜与其他学科互通有无，新闻传播学科与其他学科的壁垒越来越高，最终不得不陷入学科内部专业高度细分、学科互鉴能力低下的"内卷化"陷阱[2]。

究其根本，首先，新闻学与传播学两个专业内部建制的较大差异引发了学科内部分化。一直以来，新闻学与文学、政治学关联紧密，而脱胎于西方社会科学的传播学在理论和方法论层面具有一定的差异性，进而导致新闻传播学下设专业在学术体系构建方面各自为政，这对学科独立形成了挑战。其次，新闻传播学与

---

[1] 骆正林.新闻学的学科内涵及新闻学理论体系的创新 [J].新闻界,2019 (4):11—26.
[2] 张昆.高校新闻传播类专业课程建设的思考 [J].新闻与写作,2020(2):66—73.

生俱来的实践属性在一定程度上稀释了本学科理论知识的独立性。从职业化的角度来看，新闻职业教育致力于将记者培养为广泛涉猎各专业领域知识的"杂家"，这在一定程度上反映了新闻学所具备的跨学科属性，加之传播学汇集了大量符号学、社会学、心理学、政治学等学科的学术概念和研究范式，因此"新闻传播学具有与生俱来的交叉学科基因和博采众长的天然禀赋"[1]，这种"博采众长"一定程度上模糊了新闻传播学的研究范畴和学科边界，长期以来学界不断发出"重构新闻传播学科边界"的呼吁。

　　新闻传播学的快速迭代离不开前沿学科的支撑。当前，我国的新闻传播学需要以新兴技术环境为客观条件，对学科边界、专业设置和知识体系进行调整，在确保学科独立性的基础之上，实现多学科交叉、跨学科融合。具体而言，需从以下三个方面着眼。其一，明确本学科的关键问题，坚持问题导向，在保持独立的学科思维的基础之上，借助社会学、管理学、经济学、统计学、语义学等相关学科的研究方法和研究范式，通过新技术、新手段和新方法对新闻传播学的关键问题进行更加深入的阐释。其二，积极贯彻宏观的"新文科"和"大社科"思维，摆脱既往简单嫁接和"拿来主义"的粗放型学科融合模式，积极借鉴交叉学科和新兴学科，通过学科之间的整合和重组来扩大新闻传播学的外延，将学科发展放置于更加宏大的人类知识体系之中，从整个人文社

---

[1] 于毓蓝.民国时期新闻教育思想与实践探索[J].苏州大学学报(教育科学版),2021,9(4):107—116.

会科学，乃至于全人类知识宝库中汲取养分[1]，健全本学科知识体系，促进学科生态良性循环，明确新闻传播学未来发展方向和前进道路。尤其在建设媒介融合、大数据、人工智能等交叉学科教材过程中，应秉持以人为本、以解决现实问题为根本目标的理念，打破学科边界[2]，以交叉学科为基点支撑，突出学科互鉴中的战略性、创新性、开放性、系统性、针对性[3]。其三，明确多元主体在学科互鉴中的功能定位，以本学科研究问题为切入点进行多方资源整合，争取打破自上而下的制度所构筑的学科壁垒[4]。经历了传播主体、介质、方法、逻辑思维的全面变革，单纯依靠高校及学术机构无法高效地实现学科融合，需借助顶层设计革新以打破专业设置壁垒，在知识体系建构过程中促使政府、行业、资本、机构多方深度对话，对接国家战略和社会现实需求。

（五）理论原理与实践经验协调发展

作为一门应用型学科，新闻传播学科缘起于实践，因此面向实践、回应现实问题、指导新闻事业发展是本学科的必然使命。伴随着实践的推进，新闻传播学科理论不断涌现和深化，在此过程中实现学术体系建设与业界实践的深度融合，及时对中国新闻

[1] 陈龙. 深度媒介化趋势下新闻传播学科再定位和再调整 [J]. 社会科学战线, 2022(4): 178—184.
[2] 赵奎英. "新文科""超学科"与"共同体"——面向解决生活世界复杂问题的研究与教育 [J]. 南京社会科学, 2020(7): 130—135.
[3] 李凤亮. 新文科：定义·定位·定向 [J]. 探索与争鸣, 2020(1): 5—7.
[4] 陈龙. 深度媒介化趋势下新闻传播学科再定位和再调整 [J]. 社会科学战线, 2022(4): 178—184.

传播的最新实践经验进行总结概括，促进思想理论提升和话语体系创新，着力提出具有中国立场、中国智慧、中国价值的理念、主张、方案，用理论和话语创新的成果引领实践发展。具体而言，新时代和新媒介技术变革下引发的新问题、新任务，对新闻传播学理论与实践的融合提出了更高要求。在新时代和新形势之下，"培养造就一大批适应媒体深度融合和行业创新发展，能够讲好中国故事、传播中国声音的优秀新闻传播后备人才"是新闻传播学教育的重要使命之一[1]，而大量新闻传播学教材中理论与实践"两张皮"的现实不利于这一目标的实现。

大量新闻传播学教材内容重理论轻实践，鲜有对重大实践问题的有力回应[2]。经过对中国共产党百年新闻实践的深刻总结，新闻传播学发展出真实性原则、客观性原则、党性原则等基本理论与职业准则，但是在新闻实践工作中，这些基本准则常常让位于经济利益，新闻实践的悖论是引发新闻理论与实践相脱节的关键因素[3]。新闻学教材的实践性缺乏直接导致新闻学理论研究和实际教学面临困境，我国既有的新闻学理论"没有将把握新闻实践共相和对各种具体形态的全面统摄作为理论研究的最终目标，而是从实用主义角度出发，将解决实践问题的针对性和有效性放在第

---

[1] 中共中央教育部.中共中央宣传部关于提高高校新闻传播人才培养能力实施卓越新闻传播人才教育培养计划 2.0 的意见 [EB/OL].https://m.gmw.cn/baijia/2020–09/21/34207177.html.

[2] 张涛甫.新闻传播理论的结构性贫困 [J].新闻记者,2014(9):48—53.

[3] 董小玉,姚金秋.新时代新闻学教材建设论纲 [J].中国出版,2018(14):11—15.

一位，主要是对局部经验的归纳总结和一定的逻辑分析来把握新闻活动的内涵"[1]。

教材编写人员构成单一所导致的知识局限是造成这一现象的主要原因。目前我国新闻传播学教材编写者大部分来自高校或研究机构，专门化、体系化、对接业界前沿的实践经验相对缺乏，且编写团队中精于业界实践的专家较为稀缺，因而相关教材呈现出重理论而轻实践、理论案例类教材稀缺等典型特征[2]。与此同时，在实际教学中，理论研究与媒体业界实践相"割裂"、前沿业务应用研究与基础理论研究相"割裂"的现象时有发生。学理知识和实践知识的割裂致使教材偏离新闻专业的本质，"两张皮"现象严重[3]。

因此，新闻传播学理论体系的构建要通过新实践来赋能：新闻传播学教材要做到理论与实践的密切结合。首先，以解决新闻传播实践的重大现实需求为根本导向，持续聚焦新时代背景下新闻传播学科中的重大问题，从实践中来，到实践中去，在不同课程教材中实现传媒生态发展和新闻生产实践的有效融通，以培养时代所需的复合型新闻传播人才。其次，顺应媒介技术融合纵深发展的全新实践，优化新闻传播学教材体系和教材编写流程，以教材为桥梁，组织学界及业界专家共同研讨，打破既有教材体系

[1] 陈作平. 新闻理论体系研究 [D]. 北京：中国人民大学 ,2005.

[2] 赵怀瀛. 与时俱进做好新闻传播学教材出版 [J]. 新闻知识 ,2018,(05):95—96.

[3] 林晖，罗婷婷."拆墙"与"建墙"：新闻传播学教育的再"专业化"[J]. 新闻大学 , 2022,(01):34—44+121.

"重理论轻实践"的顽疾，建立兼顾理论深度和经验广度的体系化教材。再次，充实新闻传播学教材编写队伍，尤其在实践属性突出、紧密对接前沿发展的课程及案例类教材编写方面，充分调动在新闻及媒介一线深耕多年的专家学者的教材编写积极性，对中国特色社会主义实践经验及时作出总结和概括，促进思想理论提升和话语体系创新，用理论和话语创新的成果引领新的实践发展。

（六）内容深度和使用广度均衡提升

21世纪以来，新闻传播学专业进入平稳发展期，专业数量和布点数量呈现出双增长趋势。新闻传播学教育体量的持续扩大和层次的逐渐清晰对新闻传播学教材内容深度和使用广度的平衡提出了更高的要求。如何针对不同层次院校的人才培养目标，因地制宜、因时制宜地进行教材体系规划和编写团队组织，是实现新闻传播学教材高质量发展的关键问题。

经过新闻传播学者的不懈努力和长期的历史积淀，一批经典教材在不断再版、修订中保持着长久的生命力，也为我国新闻传播教育事业提供了养分。经典教材层次相对单一，覆盖面较窄，未能形成覆盖不同级别、不同培养目标高校的新闻传播学教材体系，难以满足新闻传播学专业开设的差异化需求，由此导致部分实践类院校及特色专业无教材可用或教材质量低下等现象突出。当前，知名度和使用率较高的优秀教材主要由中国传媒大学、复旦大学、中国人民大学和武汉大学等老牌新闻传播学名校名师编写，历史类和概论类教材相对集中，实务类教材占比较低。与此同时，理论深度和知识容量广博，主要服务于理论型、研究型人才培养目标，具有较高的学术门槛，适用于研究生或者双一流院校本科生。但面向非双一流院校和民办院校等的成熟教材缺乏，教材所涉专业相对局限，已有教材质量参差不齐[1]。"马工程"教材课程覆盖范围有待扩充，面向不同培养类型、培养层次的兼容性也相对欠缺，这一因素也在一定程度上制约了新闻传播学教材的统一化程度[2]。

提高新闻传播学专业的人才培养质量，离不开覆盖多层次的教材体系。首先，针对全国新闻传播学教育开展情况，快速调整新闻传播学教材编写目标和具体书目。通过进行全国高校新闻传播学相关专业开设情况及培养方案调研摸底，着重对不同级别高校的培养方案、课程方案展开研究，以学校层次、培养层次、培养目标、专业特色等为划分依据，构建多维度、多层次的新闻传播学教材体系，重视实务类、读本类及案例类教材的占比，分批次推进教材建设工作。同时，在调研课程方案的基础之上，充分考量编写者或编写团队与教材内容的适配性。当前，大量史论类教材编写的主力军为高校教师，应引导更多参与一线教学的教师参与相应教材的编写工作，而实务类教材可依托业界专家和学界专家共同编写，以提升实践内容的适切性和前沿性，尽可能避免

[1] 赵怀瀛 . 与时俱进做好新闻传播学教材出版 [J]. 新闻知识 ,2018(5):95—96.
[2] 谢兴政 . 高校"马工程"新闻传播学教材建设探讨 [J]. 新闻大学 ,2021(9):28—39+117.

教材与课程脱节、教材与教学对象不适配的情况。此外，在教材编写激励制度方面，国家应着力提供基础保障，以学校行政力量提升不同层次院校教师在教材编写方面的主观能动性，加快形成多层次院校、多专业协同的教材编写氛围。

第三节　本章小结

站在新时代的全新历史方位，"当代中国正经历着我国历史上最为广泛而深刻的社会变革，也正在进行着人类历史上最为宏大而独特的实践创新。这种前无古人的伟大实践，必将给理论创造、学术繁荣提供强大动力和广阔空间"[1]。历经百年沧桑，中国共产党的伟大新闻实践业已积累了丰富的经验，新闻传播学思想的探索和发展、马克思主义新闻观、媒介融合实践取得了前所未有的成就，新闻传播学体系构建恰逢其时。在此基础之上，以新闻传播学教材体系为载体和桥梁，凝练百年中国共产党在新闻工作中的中国智慧、中国理论，深刻总结新兴媒介时代数字中国建设的发展规律和成功经验，有助于加强国际交流互融互通，构筑文明互鉴新阵地。

---

[1] 习近平 . 在哲学社会科学工作座谈会上的讲话 [N]. 人民日报 ,2016-05-17(2).

第二篇

现实图景

第三章

中国新闻传播教育人才
培养方案的比较分析

新闻传播学教育愈发成为当前新闻传播学界研究的热点，其中对专业人才培养模式及相关问题的探讨是重中之重。当前，我国新闻传播教育的定位不准，思路不清，"几乎所有的高校，一流的、二流的、三流的，都是同一个定位，而这个定位都是由来于新闻传播教育的职业型特征，千篇一律，没有区隔，没有个性，没有特色"[1]。大量研究仅将目光聚焦于我国一流大学或重点大学的新闻传播学教育，对广大的应用型院校和地方院校关注不足。实际上，在我国高等教育不同发展时期，国家先后出台了一系列政策，明确了应用型院校的重要性。如2015年教育部、国家发改委、财政部颁布的《关于引导部分地方普通本科高校向应用型转变的指导意见》，从思路上明确了普通本科院校如何"坚持需求导向、服务地方"，如何落实应用转型；2017年，《国家教育事业发展"十三五"规划》进一步强调调整高等教育结构，推动普通

---

[1] 张昆.一流大学传媒教育定位的困惑与思考 [J].新闻记者,2016(2):54—59.

本科高校向应用型转变[1]。在新闻传播学科中，应用型高校与研究型高校承担着不同的培养任务，因而有必要对不同类型院校的新闻传播学本科人才培养现状进行系统调查，分析二者当前培养的差异性及不足，从而为差异化的专业人才培养路径提出建议。

基于上述分析，本章拟抽取不同类型院校的代表性样本，以培养方案为基础，从培养目标、培养要求和具体课程设置角度剖析我国现有新闻传播学教育现状，试图回应以下两个问题：（1）应用型与研究型高校在新闻传播学科各专业的培养目标和培养要求如何，有何差异;（2）应用型与研究型高校在新闻传播学科各专业在具体课程设置的表现如何。

第一节　文献综述

专业培养方案是高等院校本科人才培养的核心组成部分，是学科教育理念的最直观呈现，是对人才培养目标与课程设置的详细阐释。[2]在百年的发展历程中，中国新闻传播教育事业紧随社会环境和教育系统内部的变化而不断发展变革，尤其是进入21世

---

[1] 徐向明，鲁学军.新建本科院校向应用型转型：应然、现实与对策[J].江苏高教,2020(10):55—59.

[2] 周茂君，柏茹慧.新文科背景下新闻传播学本科专业人才培养研究[J].国际新闻界,2022(2):133—156.

纪以来，中国新闻传播教育获得超速发展。[1]面对媒介的快速发展和更迭，以及社会和业界对新闻传播专业人才需求的转变，各院校不断对新闻传播学专业的人才培养方案进行探索和调整，同时一系列研究对新闻传播学专业的培养方案进行了广泛而深入的讨论。这些研究为新闻传播学专业教育提供了理论指导，也为实践工作提供了借鉴和启示。

培养目标是学校定位与社会实际发展需求的产物，是各新闻院校培养人才的主要依据和方向，[2]明确的是"为谁培养人"和"培养什么样的人"的关键问题。传统新闻教育体系的构建基于传统新闻传播业的分工结构和运行方式，整体框架以传统媒体的人才需要为基础，目标是为新闻媒体及宣传机构培养专门新闻传播人才。[3]其中，新闻学专业的学生就业以纸媒为主，广告学专业的学生就业以广告企业为主，广播电视学的学生就业以广播电视行业为主，编辑出版学专业的学生就业则以出版社为主。在以互联网为代表的新兴媒体崛起以及传统媒体数字化转型背景下，媒介融合趋势越来越明显，这意味着传统媒体不再是企业、政府、非政府组织与公众沟通的唯一渠道，组织机构对传播人才的需求

[1] 邓绍根，李兴博.百年回望：论中国新闻传播教育发展历程及其特点 [J]. 现代传播（中国传媒大学学报），2019,41(6):155—164.
[2] 李彪.新文科视域下新闻传播本科人才培养现状及优化路径 [J]. 青年记者，2021(17):78—81.
[3] 范明献.新闻教育时代转型的焦点问题与高校专业改革的实践取向——以四所知名新闻院校广播电视学专业教育为例 [J]. 新闻大学，2017(5):120—128+152.

增加。[1]在"为谁培养人"的问题上，越来越多学者主张要突破行业面向定位，提出面向社会培养新闻人才。[2]尹明华认为，新闻教育"既为媒体机构培养专业优秀人才，也能满足整个处于变化中的社会对传播人才的需要"[3]。张志安主张，要"面向社会培养公共传播人才,而非只是面向机构培养职业新闻人才"[4]。金梦玉主张，毕业生应当适应媒体、企业、社会机构等各个行业的新闻报道、政治宣传、企业传播、市场推广的需要。[5]范明献通过对中国人民大学、复旦大学、武汉大学、中国传媒大学的广播电视学专业的调研发现，大多高校已经突破了传统新闻专业教育特定传媒机构面向和"专业对口"的行业定位框架，选择了更为宽泛的服务面向。[6]媒介融合带来的另一重要影响是社会对能够利用不同媒体平台制作、传播内容的复合型人才需求增加，传统单一的新闻传播人才培养模式已无法满足现实需求。反映在"培养什么样的人"这一问题上，学界主流观点主张转变目前高校新闻教育单一媒体培养人才的目标定位，跨媒介培养成为较多的观

[1] 张迪.媒体变革背景下的海外新闻传播教育现状与发展趋势[J].国际新闻界，2014,36(4):158—169.
[2] 范明献.新闻教育时代转型的焦点问题与高校专业改革的实践取向——以四所知名新闻院校广播电视学专业教育为例[J].新闻大学，2017(5):120—128+152.
[3] 尹明华.新闻传播教学的"变"与"不变"[J].新闻与写作，2015(11):68—70.
[4] 张志安.从新闻传播到公共传播——关于新闻传播教育范式转型的思考[J].暨南学报(哲学社会科学版),2016,38(3):77—84+131.
[5] 金梦玉主编.融媒体时代下的传媒教育[M].北京:中国广播影视出版社,2014,代前言.
[6] 范明献.新闻教育时代转型的焦点问题与高校专业改革的实践取向——以四所知名新闻院校广播电视学专业教育为例[J].新闻大学，2017(5):120—128+152.

点，但也有较多声音倡导一专多能的人才培养目标。[1]李良荣等认为，只有复合型的新闻传播人才方能适应目前媒体融合的需求。具体来讲，复合型的新闻传播人才并不是单纯的"专业技能复合"，而是在"技术—表达—思想"三个由表及里的层面实现能力的多维复合。[2]强月新则指出，专业性人才需要具备在某一领域深入研究的能力。[3]以2018年卓越新闻人才2.0计划的提出为节点，2018年前学界关于人才培养目标多讨论"全媒型""应用型""复合型"，而2018年后，学界则广泛地加入了"专家型"人才培养的讨论。[4]邓建国认为，专家型新闻传播人才需要具有强烈的读书阅世的兴趣和能力，有着宽厚的学识基础；需要学有专长，在某一方面有着可以展示出来的专业知识；应具备较强的独立思考和逻辑分析能力；需要具备娴熟的理论应用能力；需要具备精深的外语水平。[5]就现状而言，周茂君和柏茹慧通过分析59所新闻传播院校本科人才培养目标的词频，发现出现频次最高的词组为"复合型""专门""应用型""高级""创新型"，表明当前我国新闻传播院校更倾向培养立足于专业应用的、具有复

[1] 范明献.新闻教育时代转型的焦点问题与高校专业改革的实践取向——以四所知名新闻院校广播电视学专业教育为例[J].新闻大学,2017(5):120—128+152.
[2] 李良荣,魏新警.论融媒体时代新闻传播复合型人才培养的"金字塔"体系[J].新闻大学,2022(1):1—7+119.
[3] 强月新.媒介融合背景下的新闻传播人才培养[J].人民论坛·学术前沿,2019(3):30—37.
[4] 周茂君,柏茹慧.新文科背景下新闻传播学本科专业人才培养研究[J].国际新闻界,2022(2):133—156.
[5] 邓建国.新信息环境下我国专家型新闻传播人才的培养模式探讨[J].新闻大学,2017(2):133—138+152.

合能力与创新能力的高级人才。[1]从现实可行性出发，董天策指出，高校培养全媒化复合型专家型卓越新闻传播人才，主要应由高水平研究型大学来担当使命，并且可以从贯通本硕教育阶段和开办本科双学位拔尖人才项目两条路出发。

课程设置是教育理念和人才培养目标的直接呈现，[2]体现"怎样培养人"的关键问题。媒体技术演进与实践变革促使新闻传播实践成为多种学科的交汇之处。[3]有学者指出，新闻传播学课程很大程度上仍然延续着传统教育思路，既缺乏新媒介内容的融入，又忽略了跨学科体系的渗透。[4]因此，在课程设置中，如何回应媒体技术快速演进的现实情况、如何实现跨学科融合，成为两个重要议题。在回应新媒介技术发展上，陶建杰通过分析国内16所综合性大学35个新闻传播学本科培养方案的课程设置，发现中国主要新闻院校的本科人才培养已经在课程设置方面进行调整，重视技能与知识教育，但仅实现了"姿态性融合"，而非系统性转型。[5]在实现学科融合的议题上，不少新闻教育者倡导加大人文、社科、自然科学等通识课程比重。高钢认为，多学科知识背景成

[1] 周茂君，柏茹慧.新文科背景下新闻传播学本科专业人才培养研究 [J].国际新闻界，2022(2)：133—156.

[2] 周茂君，柏茹慧.新文科背景下新闻传播学本科专业人才培养研究 [J].国际新闻界，2022(2)：133—156.

[3] 张迪.媒体变革背景下的海外新闻传播教育现状与发展趋势 [J].国际新闻界，2014,36(4)：158—169.

[4] 赵红勋，李孟帆.新文科背景下新闻传播学课程的优化路径 [J].青年记者，2021(18)：97—98.

[5] 陶建杰，林晶珂.技能、知识与素养：中国新闻传播本科人才的培养现状与现实回应 [J].新闻与写作，2020(7)：5—14.

为今天媒体选择人才的共同价值取向，专门学科基础教育体系的引入是中国新闻传播教育体系改革的一大重点，高校新闻教育需要加大跨学科课程的比重。[1]吴廷俊主张新闻学与传播学并重、人文社科与信息学科大跨度交叉，可解决新闻教育"无学可教"和"后劲"不足等问题。[2]李彪指出，随着新文科建设的脚步不断加快，立足中国国情，坚持马克思主义新闻观，在强化新闻传播核心课程的基础上，学科交叉、知识融合成为学科教育课程体系发展的主要趋势。[3]可以说，打破学科限制成为课程设置改革中被普遍认可的趋势，但在具体的课程设置实践中，大多高校仅限于零星开设或引入其他学科课程，尚未形成跨学科复合专业培养的课程体系。[4]

第二节　研究设计

一、样本对象选取

我国新闻学传播类专业下设十个专业，分别是新闻学、广播

---

[1] 高钢.媒介融合趋势下新闻教育四大基础元素的构建[J].国际新闻界，2007(7)，29—34.

[2] 吴廷俊，王大丽.从内容调整到制度创新：中国新闻教育改革出路[J].西南民族大学学报(人文社会科学版)，2012,33(7):150—154.

[3] 李彪.新文科视域下新闻传播本科人才培养现状及优化路径[J].青年记者，2021(17):78—81.

[4] 范明献.新闻教育时代转型的焦点问题与高校专业改革的实践取向——以四所知名新闻院校广播电视学专业教育为例[J].新闻大学，2017(5):120—128+152.

电视学、广告学、传播学、编辑出版学、网络与新媒体、数字出版、时尚传播、国际新闻与传播和会展。由于数字出版、时尚传播、国家新闻与传播和会展专业开设高校较少，本书仅选取新闻学、广播电视学、广告学、传播学、编辑出版学和网络与新媒体等六个专业的人才培养方案为研究对象。

学校样本对象的选取主要依据全国新闻传播学院校前四轮学科评估结果。鉴于学科评估结果未包含应用型本科院校，本书在筛选研究对象时综合考虑了校友会2022中国大学新闻传播学类一流专业排名结果。校友会中国大学一流专业排名由全国第三方大学评价机构艾瑞深校友会网（Cuaa. Net）完成，是目前中国参评高校数量最多和参评专业规模最大的中国大学本科专业排名，至今已经连续发布8年[1]，具有一定参考性。在考虑专业开设的情况下，亦将地域分布和院校性质等因素一并考虑进来。

具体而言，本书选取了国内62所新闻传播类院校的最新新闻学专业本科培养方案，涵盖27所应用型本科院校和35所研究型本科院校。如表3-1所示，新闻学专业在我国新闻传播类院校中开设广泛，遍布各个地区。

抽取36所样本院校的广播电视学专业本科培养方案，包括18所应用型本科院校和18所研究型本科院校，如表3-2所示。广播

---

[1] 艾瑞深网，校友会2022中国大学新闻传播学类一流专业排名，中国传媒大学第一 [EB/OL]. [2024-04-25]. http://www.chinaxy.com/2022index/news/news.jsp?information_id=3012.

表 3-1　新闻学本科专业院校样本（n＝62）

地区	院校类型	院　校　名　称	数量
东北地区	应用型	呼伦贝尔学院	1
	研究型	辽宁大学、吉林大学	2
华北地区	应用型	廊坊师范学院、山西传媒学院	2
	研究型	北京大学、中国人民大学、中央民族大学、中国政法大学、南开大学、天津师范大学、河北大学	7
华东地区	应用型	上海政法学院、上海建桥学院、浙江万里学院、浙江传媒学院、合肥学院、安徽新华学院、仰恩大学、厦门大学嘉庚学院	8
	研究型	复旦大学、上海大学、南京大学、苏州大学、浙江大学、安徽大学、南昌大学、山东大学	8
华中地区	应用型	上饶师范学院、井冈山大学、南阳师范学院、湖北经济学院、武汉东湖学院、武汉工商学院、武汉学院、湖南理工学院、衡阳师范学院	9
	研究型	河南大学、武汉大学、华中科技大学、华中师范大学、湖南大学	5
华南地区	应用型	广州华商学院	1
	研究型	中山大学、暨南大学、汕头大学、华南理工大学、深圳大学、广西大学	6
西南地区	应用型	内江师范学院、乐山师范学院、云南大学滇池学院	3
	研究型	重庆大学、西南大学、四川大学、云南大学	4

（续　表）

地区	院校类型	院　校　名　称	数量
西北地区	应用型	西京学院、兰州文理学院、宁夏大学新华学院	3
	研究型	西北大学、陕西师范大学、兰州大学	3

表 3-2　广播电视学专业本科专业院校样本（n＝36）

地区	院校类型	院　校　名　称	数量
东北地区	应用型	/	0
	研究型	大连理工大学	1
华北地区	应用型	山西传媒学院	1
	研究型	北京大学、中国人民大学、南开大学、天津师范大学、河北大学	5
华东地区	应用型	盐城师范学院、南京晓庄学院、扬州大学广陵学院、浙江传媒学院、宁波财经学院、泉州师范学院、厦门大学嘉庚学院、南昌工程学院、山东青年政治学院	9
	研究型	复旦大学、上海大学、南京大学、安徽大学、南昌大学	5
华中地区	应用型	黄河科技学院、郑州师范学院、武汉传媒学院	3
	研究型	武汉大学、华中科技大学、华中师范大学	3
华南地区	应用型	/	0
	研究型	暨南大学	1

（续 表）

地区	院校类型	院 校 名 称	数量
西南地区	应用型	重庆文理学院、重庆三峡学院、黔南民族师范学院、云南大学滇池学院	4
	研究型	重庆大学、云南大学	2
西北地区	应用型	兰州文理学院	1
	研究型	兰州大学	1

电视学专业在我国的开设较为普遍，且在应用型与研究型院校分布中呈现出较为均衡的状态。

选取39所院校的广告学专业本科培养方案，包括14所应用型本科院校和25所研究型本科院校，具体分布如表3-3所示。从地域分布来看，我国的广告学专业主要开设于华东地区、华中地区和华南地区等经济发达地域，东北地区、西南地区和西北地区分布较少。

表3-3 广告学专业本科专业院校样本（n=39）

地区	院校类型	院 校 名 称	数量
东北地区	应用型	/	0
	研究型	辽宁大学、吉林大学	2
华北地区	应用型	/	0
	研究型	北京大学、中国人民大学、中央民族大学、天津师范大学、河北大学	5

（续　表）

地区	院校类型	院　校　名　称	数量
华东地区	应用型	上海建桥学院、浙江万里学院、浙江传媒学院、宁波财经学院、泉州师范学院、厦门大学嘉庚学院	6
	研究型	复旦大学、上海大学、上海理工大学、南京大学、苏州大学、南昌大学	6
华中地区	应用型	武汉东湖学院、武汉工商学院、武汉传媒学院、湖南理工学院、衡阳师范学院	5
	研究型	河南大学、武汉大学、华中科技大学、湖南大学	4
华南地区	应用型	广州华商学院	1
	研究型	暨南大学、汕头大学、华南理工大学、深圳大学、广西大学	5
西南地区	应用型	重庆三峡学院、云南大学滇池学院	2
	研究型	四川大学	1
西北地区	应用型	/	0
	研究型	西北大学、兰州大学	2

　　13所样本院校的传播学专业本科培养方案被纳入样本中，涵盖2所应用型本科院校和11所研究型本科院校（见表3-4）。传播学专业在我国开设较少，且以研究型院校为主，应用型院校不足。

表3-4　所选取传播学专业本科专业院校名单（n＝13）

地区	院校类型	院 校 名 称	数量
东北地区	应用型	/	0
	研究型	黑龙江大学	1
华北地区	应用型	/	0
	研究型	中国人民大学	1
华东地区	应用型	上海建桥学院、浙江传媒学院	2
	研究型	上海交通大学、复旦大学、浙江大学、上海理工大学	4
华中地区	应用型	/	0
	研究型	武汉大学、华中科技大学	2
华南地区	应用型	/	0
	研究型	中山大学、华南理工大学	2
西南地区	应用型	/	0
	研究型	西南交通大学	1
西北地区	应用型	/	0
	研究型	/	0

　　13所样本院校的编辑出版学专业（包括数字出版）本科培养方案被纳入样本，涵盖5所应用型本科院校和8所研究型本科院校，如表3-5所示。编辑出版学及数字出版专业主要分布于东北和华东地区，华南地区和西南地区开设不足。

表3-5　编辑出版学专业本科专业院校样本（n = 13）

地区	院校类型	院 校 名 称	数量
东北地区	应用型	/	0
	研究型	辽宁大学	1
华北地区	应用型	山西传媒学院	1
	研究型	南开大学、河北大学	2
华东地区	应用型	浙江传媒学院、宁波财经学院、南昌工程学院	3
	研究型	南京大学、安徽大学、上海理工大学	3
华中地区	应用型	/	0
	研究型	河南大学	1
华南地区	应用型	/	0
	研究型	/	0
西南地区	应用型	/	0
	研究型	/	0
西北地区	应用型	兰州文理学院	1
	研究型	陕西师范大学	1

　　选取33所院校的网络与新媒体专业本科培养方案，涵盖20所应用型本科院校和13所研究型本科院校（见表3-6）。网络与新媒体专业作为新闻传播类专业新开设的二级学科，近10年来呈现出猛烈增长势头，我国各个地区均有分布。

表3-6　网络与新媒体专业本科专业院校样本（n = 33）

地区	院校类型	院　校　名　称	数量
东北地区	应用型	吉林动画学院	1
	研究型	/	0
华北地区	应用型	山西传媒学院	1
	研究型	中国政法大学、南开大学	2
华东地区	应用型	上海杉达学院、上海建桥学院、南京晓庄学院、浙江万里学院、浙江传媒学院、合肥学院、南昌工程学院	7
	研究型	上海大学、苏州大学、安徽大学	3
华中地区	应用型	郑州师范学院、湖北经济学院、武汉东湖学院、武汉工商学院、武汉学院、武汉传媒学院、湖南理工学院、衡阳师范学院	8
	研究型	河南大学、华中师范大学	2
华南地区	应用型	惠州学院、广州华商学院	2
	研究型	暨南大学、汕头大学、深圳大学	3
西南地区	应用型	重庆三峡学院	1
	研究型	四川大学	1
西北地区	应用型	/	0
	研究型	西北大学、陕西师范大学	2

二、研究方法

本书采用自然语言处理（Natural Language Processing，

NLP）和内容分析法对各院校的新闻学专业本科培养方案文本进行统计分析。NLP本质上希望实现人与计算机之间自然语言的有效通信交流，包括分词、主题提取、语义和情绪分类等具体应用技术[1]。本书的具体处理过程如下所示。

（一）培养目标与培养方案分词

在本研究中，首先要进行文本分词处理，即将培养方案的培养目标和培养要求部分的文本转化为由单个词组成的词向量。本研究使用jupyter python 3版本，调入第三方自然语言处理库jieba进行中文文本的分词处理，同时根据百度停用词，进行去停用词处理，移除标点符号、过滤无意义词。在此基础上，自建词典，剔除"新闻学""新闻""传播""专业""培养""能力""学习""学生"等频率较高但无区分度的词语，最终得到可供分析的语料矩阵。

（二）课程设置编码

采用人工编码的方式分析各专业课程设置。根据《新闻传播学类教学质量国家标准》，新闻传播类专业课程包括专业基础类课程和专业核心类课程，前者包括新闻学概论、广播电视概论、广告学概论、传播学概论等课程；后者则结合专业教学目标和任务，开设8—10门专业必修课程。因此，本章依据《新闻传播学类教学质量国家标准》，设计编码框，具体操作方式如图3-1所示：若

---

[1] 王灿辉，张敏，马少平.自然语言处理在信息检索中的应用综述[J].中文信息学报，2007(2):35—44.

	专业核心课程								
	中国新闻传播史	外国新闻传播史	新闻采访	新闻写作	新闻编辑	新闻评论	融合新闻学	新闻摄影	媒介经营与管理
辽宁大学	1	1	1	1	1	1	1	0	1
吉林大学	1	1	1	1	1	1	0	1	1
北京大学	1	1	1	1	1	1	0	1	1
中国人民大学	1	1	1	1	1	1	0	1	1
中央民族大学	1	1	1	1	1	1	1	0	0
中国政法大学	1	1	1	1	1	1	0	1	1
南开大学	1	1	1	1	1	1	1	1	1
天津师范大学	1	1	1	1	1	1	0	1	1
河北大学	1	0	1	1	1	1	0	1	0
复旦大学	1	1	1	0	0	0	0	1	0
上海大学	1	1	0	0	0	0	0	1	0

（续 图）

	专业核心课程								
	中国新闻传播史	外国新闻传播史	新闻采访	新闻写作	新闻编辑	新闻评论	融合新闻学	新闻摄影	媒介经营与管理
南京大学	1	1	1	0	0	1	0	1	1
苏州大学	1	1	0	0	0	1	0	0	1
浙江大学	1	1	1	1	1	1	0	1	1
安徽大学	1	1	1	1	1	1	1	0	0
南昌大学	1	1	1	1	1	1	0	1	0
山东大学	1	1	1	1	0	1	0	1	1
河南大学	1	1	1	1	1	1	1	1	1
武汉大学	1	1	1	1	1	1	0	1	1
华中科技大学	1	1	1	1	1	1	0	1	1
华中师范大学	1	1	1	1	1	1	0	1	0

（续 图）

	专业核心课程								
	中国新闻传播史	外国新闻传播史	新闻采访	新闻写作	新闻编辑	新闻评论	融合新闻学	新闻摄影	媒介经营与管理
湖南大学	1	1	1	1	1	1	0	1	1
中山大学	1	0	1	1	1	0	0	1	0
暨南大学	1	1	1	0	1	1	0	1	1
汕头大学	1	0	1	1	1	1	0	1	0
华南理工大学	0	1	1	1	1	1	0	1	0
深圳大学	1	1	1	1	1	1	0	0	0
广西大学	1	1	1	1	1	1	1	1	1
重庆大学	1	1	1	1	1	1	0	1	1
西南大学	1	0	0	0	0	0	0	0	0
四川大学	1	1	1	1	1	1	0	0	1

图3-1 编码框及具体编码过程

该院校包含此课程，赋值为1；否则，赋值为0。

第三节　人才培养目标及要求分析

对研究型院校与应用型院校各专业培养方案的"培养目标"和"毕业要求"部分进行汇总及分词处理后，本研究对分词处理后的文本进行词频统计，取前30个高频词，并进行可视化呈现，以此比较不同院校在各专业人才培养方面的异同点。

一、新闻学专业人才培养比较

应用型院校与研究型院校新闻学专业培养目标、培养要求的高频词汇如表3-7、图3-2至图3-5所示。一方面，不同院校在培养目标和培养要求方面存在共性。其一，在价值引领方面，不同院校类型的人才培养均以马克思主义为指导，培养坚定正确的政治方向；其二，在未来发展方面，二者均强调培养满足社会需要且能够胜任媒体、宣传、编辑、策划等企事业岗位的人才；其三，就专业能力与人文社会科学素养而言，新闻职业素养、专业理论基础、社会责任感、创新能力等是共同的培养诉求。另一方面，从高频词的排序来看，不同院校在人才培养方面仍有所侧重：应用型院校更强调"应用型"（n=20）人才培养，兼顾"复合型"（n=15）特征；而研究型院校聚焦于"复合型"（n=20）人才培养。基于差异化的培养目标，应用型院校在培养过程中偏重于要求学生掌握"技能"（n=60），具备"创新""创业"素质；研究型院校则更强调"术"和"道"的培养，将"理论"（n=56）、"研究"（n=44）和"方法"（n=39）等置于重要位置，要求学生掌握理论知识，具备研究意识和研究能力。

当然，两类院校也存在许多共同之处，表现在培养目标和培养要求方面的高频词多有重合。如在培养目标方面，"媒体""发展""工作""社会""人才""管理""单位"等为两者共有词。

表3-7 不同类型高校新闻学专业培养目标与培养要求高频词

应用型高校				研究型高校			
培养目标		培养要求		培养目标		培养要求	
关键词	词频	关键词	词频	关键词	词频	关键词	词频
媒体	63	知识	90	媒体	64	知识	81
发展	46	媒体	89	工作	54	媒体	67
工作	46	发展	63	社会	37	社会	63
社会	33	社会	60	人才	36	理论	56
人才	26	技能	60	发展	35	实践	47
管理	22	工作	53	宣传	26	研究	44
单位	21	社会科学	51	理论	26	发展	43
策划	21	服务	46	马克思主义	25	方法	39
编辑	20	素质	46	视野	23	工作	38

（续　表）

应用型高校				研究型高校			
培养目标		培养要求		培养目标		培养要求	
关键词	词频	关键词	词频	关键词	词频	关键词	词频
应用型	20	方法	46	熟悉	22	分析	36
马克思主义	19	研究	44	人文	22	业务	34
方向	19	国家	41	国际	22	素质	33
技能	19	实践	40	文化	21	技术	32
企事业	18	技术	40	复合型	20	社会科学	32
视野	18	策划	39	企事业	19	技能	31
媒介	17	媒介	38	单位	18	马克思主义	30
政治	16	理论	38	胜任	18	传播学	30
知识	15	创新	37	实践	18	沟通	30
责任感	15	创业	35	管理	17	人文	28
实践	15	调查	34	基础	17	基本知识	27
复合型	15	基本知识	34	知识	17	正确	26
正确	14	人文	33	技能	16	职业	26
素养	14	业务	33	需求	16	素养	25
系统	14	指标	33	系统	15	写作	23
文化	14	素养	32	创新	15	调查	22

（续　表）

应用型高校				研究型高校			
培养目标		培养要求		培养目标		培养要求	
关键词	词频	关键词	词频	关键词	词频	关键词	词频
坚定	14	正确	31	机构	14	编辑	21
人文	13	计算机	31	我国	14	媒介	21
运营	13	沟通	30	传媒	14	管理	21
宣传	13	思维	30	高素质	14	采访	20
扎实	13	职业	29	策划	14	外语	20

图3-2　应用型高校新闻学培养目标词云

图3-3　应用型高校新闻学培养要求词云

图3-4　研究型高校新闻学培养目标词云

图3-5　研究型高校新闻学培养要求词云

二、 广播电视学专业人才培养比较

表3-8和词云图3-6至图3-9呈现出不同类型院校广播电视学专业培养目标与培养要求的高频词。就培养目标而言，应用型院校普遍以"应用型"人才为着力点，研究型院校则更强调培养国际传播方向人才，要求学生具有宽广的国际视野。同时，在培养要求方面，研究型院校也更强调价值层面上马克思主义的引领作用，并且更具前瞻性地意识到智能媒体时代为广播电视学带来的变革力量，培养适应智能媒体时代需要、具备从事智能音频视频工作的专业素质的人才。

表3-8　不同类型高校广播电视学专业培养目标与培养要求高频词

应用型高校				研究型高校			
培养目标		培养要求		培养目标		培养要求	
关键词	词频	关键词	词频	关键词	词频	关键词	词频
媒体	42	传播	78	传播	69	传播	88
发展	34	知识	63	媒体	31	社会	39
传播	29	媒体	54	广播电视	30	广播电视	37
广播电视	28	广播电视	37	发展	30	知识	36
工作	25	毕业	37	工作	30	理论	35
社会	20	发展	34	人才	19	分析	29
策划	17	社会	33	社会	18	媒体	28

（续　表）

应用型高校				研究型高校			
培养目标		培养要求		培养目标		培养要求	
关键词	词频	关键词	词频	关键词	词频	关键词	词频
文化	15	方法	32	培养目标	15	音视频	27
应用型	14	素养	29	人文	13	信息	26
传媒	14	技能	28	媒介	13	实践	26
视听	14	国家	28	策划	13	智能	26
理论	12	传播学	27	机构	13	研究	23
制作	12	理论	27	管理	12	制作	21
管理	12	熟悉	26	传播学	11	团队	19
素养	12	工作	26	行业	11	发展	18
人才	12	人文	26	融合	11	技术	18
作品	12	基本知识	26	视听	11	传播学	17
政治	11	创新	25	实践	10	业务	17
编辑	11	媒介	24	知识	10	方法	17
培养目标	10	调查	23	马克思主义	10	沟通	17
企事业	10	研究	23	编辑	10	文化	16
单位	10	正确	23	制作	10	工作	15
人文	9	素质	21	国际	9	职业	15
职业	9	行业	21	视野	9	编辑	15
机构	9	技术	21	高素质	9	现象	14

（续　表）

应用型高校				研究型高校			
培养目标		培养要求		培养目标		培养要求	
关键词	词频	关键词	词频	关键词	词频	关键词	词频
社会主义	9	意识	21	基础	9	马克思主义	14
媒介	9	服务	21	理论	9	领域	13
知识	8	制作	19	单位	9	写作	13
采写	8	策划	19	采访	9	工具	13
采编	8	职业	19	胜任	9	素养	12

图3-6　应用型高校广播电视学培养目标词云

图3-7　应用型高校广播电视学培养要求词云

图3-8　研究型高校广播电视学培养目标词云

图3-9　研究型高校广播电视学培养要求词云

三、广告学专业人才培养比较

不同类型院校广告学专业培养目标与培养要求高频词统计如表3-9和图3-10至图3-13所示。应用型院校开宗明义地提出"应用型"人才的培养目标，相较而言，研究型院校的培养目标则不太清晰。同样，类似于广播电视学的定位差异，研究型院校普遍注重国际化培养，要求学生具有国际视野，能够洞察国际广告发展动态，把握国际传播的原理与技巧，了解海外传媒发展和国际广告发展的现状与趋势，培养具有跨文化传播能力的国际型营销传播人才。

表3-9　不同类型高校广告学专业培养目标与培养要求高频词

应用型高校				研究型高校			
培养目标		培养要求		培养目标		培养要求	
关键词	词频	关键词	词频	关键词	词频	关键词	词频
媒体	46	传播	56	创意	46	传播	68
工作	36	知识	54	策划	41	知识	48
策划	34	发展	44	工作	39	策划	42
营销	30	媒体	40	发展	34	发展	41
发展	29	策划	35	营销	31	理论	40
品牌	23	指标	35	管理	30	社会	34
创意	23	社会	33	广告学	28	广告学	33
管理	21	创意	31	人才	27	研究	31

（续　表）

应用型高校				研究型高校			
培养目标		培养要求		培养目标		培养要求	
关键词	词频	关键词	词频	关键词	词频	关键词	词频
企业	20	素质	31	媒体	27	团队	30
运营	20	技能	29	市场	26	营销	29
制作	18	创新	27	社会	25	设计	29
人才	17	分析	27	理论	23	方法	29
知识	16	制作	26	文化	22	分析	29
公司	16	方法	26	创新	21	实践	29
创新	15	工作	25	较强	21	领域	26
理论	15	理论	25	品牌	20	活动	25
广告学	13	熟悉	24	公司	20	意识	24
应用型	13	广告学	24	单位	19	人文	23
社会	13	创业	24	机构	16	创新	23
熟悉	13	正确	22	熟悉	16	媒体	22
数字	12	思维	22	企事业	15	职业	22
机构	12	服务	21	分析	15	社会科学	22
活动	12	技术	20	时代	15	创意	21
职业	12	设计	20	国际	15	技能	21
实践	11	职业	20	调查	14	沟通	21
胜任	11	基本知识	20	实践	14	技术	21

（续　表）

应用型高校				研究型高校			
培养目标		培养要求		培养目标		培养要求	
关键词	词频	关键词	词频	关键词	词频	关键词	词频
部门	11	活动	19	视野	14	品牌	20
意识	11	沟通	18	领域	13	工具	20
市场	11	毕业	18	系统	13	行业	19
文化	10	理解	18	企业	13	管理	19

图 3-10　应用型高校广告学培养目标词云

图 3-11　应用型高校广告学培养要求词云

图 3-12　研究型高校广告学培养目标词云

图 3-13　研究型高校广告学培养要求词云

四、传播学专业人才培养比较

应用型高校和研究型高校在传播学专业人才培养方面存在较大差异，具体如表3-10和图3-14至图3-17所示。两类高校在培养目标上具有差异化定位，应用型院校强调人才的"应用型"，研究型院校则注重"复合型"人才的培养。就培养要求而言，应用型院校同样侧重于实践层面，要求学生在企事业单位中掌握人际沟通、文本策划、运营等能力；研究型院校则注重培养学生的理论知识、创新能力和专业素质。产生差异的原因可能在于，相较于其他学科的应用导向，传播学专业存在更强的理论性，以至于应用型院校开设较少，即使开设也按照传统新闻学、广播电视学的培养方式管理学生。

表3-10 不同类型高校传播学专业培养目标与培养要求高频词

应用型高校				研究型高校			
培养目标		培养要求		培养目标		培养要求	
关键词	词频	关键词	词频	关键词	词频	关键词	词频
传播	9	传播	19	传播	44	传播	47
媒体	3	理论	7	媒体	15	媒体	21
信息	3	媒体	5	工作	11	知识	20
策划	3	分析	4	人才	11	社会	19
坚定	2	服务	4	传播学	10	理论	11
视野	2	社会	4	社会	9	素养	11
社会	2	研究	4	信息	8	创新	10

（续　表）

应用型高校				研究型高校			
培养目标		培养要求		培养目标		培养要求	
关键词	词频	关键词	词频	关键词	词频	关键词	词频
责任感	2	沟通	3	网络	8	传播学	10
传播学	2	制作	3	知识	8	发展	10
理论	2	内容	3	复合型	7	研究	9
扎实	2	文化	3	发展	7	技术	8
企事业	2	信息	3	融合	7	熟悉	8
单位	2	解决	3	国际	7	工作	8
应用型	2	新闻事业	3	技术	7	方法	8
人才	2	政务	3	机构	7	媒介	8
落实	1	实务	3	系统	6	实践	8
课程	1	独立	3	管理	6	课程	8
思政	1	网络	3	实践	6	信息	7
三全	1	企事业	3	创新	6	沟通	7
育人	1	书面	2	部门	6	策划	7
德智体美劳	1	口头	2	基础	5	意识	7
政治	1	工作	2	技能	5	责任感	7
并举	1	阅读	2	互联网	5	内容	7
融合	1	方法	2	企事业	5	管理	7
发展	1	传播学	2	单位	5	较强	7

（续　表）

应用型高校				研究型高校			
培养目标		培养要求		培养目标		培养要求	
关键词	词频	关键词	词频	关键词	词频	关键词	词频
总体	1	视频	2	数字	5	综合	7
需求	1	策划	2	企业	5	基础	7
服务	1	文本	2	价值	5	精神	7
区域	1	写作能力	2	引领	5	素质	6
经济	1	运营	2	视野	5	技能	6

图3-14　应用型高校传播学培养目标词云

图3-15　应用型高校传播学培养要求词云

图3-16　研究型高校传播学培养目标词云

图3-17　研究型高校传播学培养要求词云

五、 编辑出版学人才培养比较

不同类型院校编辑出版学及数字出版专业培养目标与培养要求高频词如表3-11和图3-18至图3-21所示。在培养目标方面，应用型院校侧重培养"高素质""应用型"人才，研究型院校注重培养"应用型""复合型"人才，以应对图书策划、编辑、发行、管理等岗位要求。同时，由于许多应用型院校新开设数字出版专业，故着重强调了计算机技术的培养要求。

表3-11　不同类型高校编辑出版专业培养目标与培养要求高频词

应用型高校				研究型高校			
培养目标		培养要求		培养目标		培养要求	
关键词	词频	关键词	词频	关键词	词频	关键词	词频
出版	19	知识	20	出版	18	出版	26
数字	13	媒体	14	编辑	16	编辑出版	25
策划	9	社会	10	媒体	12	知识	20
编辑	9	出版	10	编辑出版	11	编辑	17
发展	8	数字	10	人才	10	管理	15
媒体	8	人文	9	发展	10	媒体	15
内容	7	素养	9	传播	9	社会	14
运营	6	创新	9	文化	8	基本知识	13
工作	5	服务	9	策划	7	素质	12

（续　表）

应用型高校				研究型高校			
培养目标		培养要求		培养目标		培养要求	
关键词	词频	关键词	词频	关键词	词频	关键词	词频
文化	5	素质	7	营销	7	发展	12
管理	5	编辑	7	数字	6	传播	12
报刊	5	技能	7	管理	5	策划	11
传媒	4	发展	7	创意	5	技术	11
高素质	4	调查	7	工作	5	工作	11
应用型	4	研究	7	方向	5	研究	10
人才	4	职业	6	创新	5	数字	10
媒介	4	健康	6	融合	5	意识	9
经营	4	国家	6	新闻出版	5	实践	9
宣传	4	社会科学	6	版权	4	出版学	9
理论	3	传播学	6	知识	4	创新	8
知识	3	计算机	6	应用型	4	理论	8
项目管理	3	工作	6	复合型	4	方法	8
机构	3	传播	6	培养目标	4	初步	7
单位	3	结构	5	产业	4	正确	7
制作	3	责任感	5	图书	4	服务	7
出版学	3	职业道德	5	发行	3	设计	6

（续　表）

应用型高校				研究型高校			
培养目标		培养要求		培养目标		培养要求	
关键词	词频	关键词	词频	关键词	词频	关键词	词频
较强	3	媒介	5	理论	3	调查	6
专业知识	3	方法	5	基础	3	职业	6
采编	3	运营	5	基本技能	3	技能	6
图书	3	外语	5	部门	3	身体素质	6

图3-18　应用型高校编辑出版学培养目标词云

图3-19　应用型高校编辑出版学培养要求词云

图3-20　研究型高校编辑出版学培养目标词云

图3-21　研究型高校编辑出版学培养要求词云

六、网络与新媒体专业人才培养比较

网络与新媒体专业培养目标与培养要求高频词如表3-12和图3-22至图3-25所示。从高频词统计可见，尽管两类院校的培养目标定位有差异，应用型院校定位于"应用型"人才培养，而研究型院校定位于"复合型"人才培养，但两者在培养目标和培养要求的具体表述方面几乎如出一辙。这反映了我国各院校对人才培养具体内涵模糊不清，对于"应用型"与"复合型"人才的差异不甚了解，未能从院校实际出发，发挥优势，突出特色，这与既有的研究结论一致。例如，燕道成和张佳明认为，目前网络与新媒体专业教育在具体实践中照搬传统模式，导致培养目标与业界需求不完全匹配，从而架空了网络与新媒体专业，使其培养目标失焦[1]；谷虹也指出，当前国内重点院校在网络与新媒体专业的定位上并没有形成共识，培养目标差异非常大，对专业定位的内涵认识不够清晰，人才培养目标不够具体，大多采用模糊、笼统的表述[2]。

---

[1] 燕道成，张佳明.新文科背景下网络与新媒体一流专业建设探索[J].中国编辑，2021(9):76—80.

[2] 谷虹.网络与新媒体专业培养目标、定位与能力体系之构建——基于"国家标准"与"国内样本"的探索[J].现代传播(中国传媒大学学报),2021,43(8):155—160+168.

表 3-12　不同类型高校网络与新媒体专业培养目标与培养要求高频词

应用型高校				研究型高校			
培养目标		培养要求		培养目标		培养要求	
关键词	词频	关键词	词频	关键词	词频	关键词	词频
人才	35	发展	61	工作	18	社会	26
运营	32	工作	47	管理	16	实践	26
工作	31	技能	46	信息	15	工作	24
内容	29	理论	40	互联网	14	分析	21
策划	23	分析	40	人才	12	研究	20
制作	22	社会	39	技术	12	理论	19
培养目标	18	服务	38	策划	12	方法	19
信息	18	正确	37	运营	12	发展	17
社会	17	指标	37	机构	12	沟通	15
互联网	17	创新	36	单位	11	团队	15
素养	16	技术	35	内容	11	创新	14
职业	16	素质	34	知识	10	文化	14
理论	15	方法	34	技能	10	业务	13
创意	15	研究	34	社会	9	技术	13
应用型	15	制作	34	分析	9	工具	12
分析	15	素养	33	服务	9	现象	12

（续　表）

应用型高校				研究型高校			
培养目标		培养要求		培养目标		培养要求	
关键词	词频	关键词	词频	关键词	词频	关键词	词频
管理	15	社会科学	33	马克思主义	8	正确	11
设计	14	国家	32	需求	8	社会科学	11
舆情	14	创业	30	基础知识	8	技能	11
技术	13	基本知识	30	复合型	8	素养	11
知识	13	媒介	30	行业	7	设计	11
单位	12	意识	29	社会科学	7	传播学	11
机构	12	信息	29	企事业	7	信息	11
熟悉	12	人文	28	融合	7	软件	11
实践	11	精神	27	企业	7	基础	11
企事业	11	实践	27	研究	7	计算机	10
人文	11	职业	26	理论	7	熟悉	10
创新	11	管理	26	设计	7	法规	10
技能	11	行业	26	制作	7	内容	10
媒介	10	调查	26	数字	7	人文	10
生产	10	协作	25	正确	6	毕业	10

图3-22 应用型高校网新专业培养目标词云

图3-23 应用型高校网新专业培养要求词云

图3-24 研究型高校网新专业培养目标词云

图3-25 研究型高校网新专业培养要求词云

第四节 课程设置情况分析

本研究分别对新闻学、广播电视学、广告学、传播学、编辑出版学及数字出版、网络与新媒体专业的基础课程和核心课程设置现状进行摸排统计。

一、新闻学课程设置比较

不同院校新闻学专业课程设置现状如表3-13和图3-26所示。《新闻传播学类教学质量国家标准》设置了9门专业核心课程和

10门专业基础课程。具体而言，中国新闻传播史、外国新闻传播史、新闻采访、新闻写作、新闻编辑、新闻评论、新闻摄影和媒介经营与管理等8门课程在应用型院校和研究型院校的开设均较为普遍，比例过半数；开设融合新闻学的院校则相对较少，只有44.4%的应用型样本院校和20.0%的研究型样本院校开设了该课程。虽然媒介融合学这门课程开设较少，但不少院校开设了与此类似或相近的课程，如复旦大学开设媒介融合课程，山东大学开设媒介融合导论课程，上海大学和湖南大学开设融合新闻报道课程。可见，随着互联网时代的到来，新闻生产传播生态与传统新闻业时代相比发生了革命性的变化，新闻学研究对象也随之发生实质性变化：由职业新闻活动为主转变为职业新闻活动与非职业新闻活动共同构成的社会化新闻活动、融合性新闻活动；由"人主体"新闻活动为主向"人主体"与"人机交互主体""智能体"相融合的新闻活动形态转变[1]。融合新闻学体现了新闻学的时代性，学子们需要了解掌握。

在基础课程方面，新闻学概论、传播学概论、网络与新媒体概论、新闻传播伦理与法规、马克思主义新闻思想5门课程开设较广泛，开设院校占比均超过50%。两类院校普遍不太重视出版与数字出版概论的学习，该课程在应用型院校和研究型院校所占比例分别为7.4%和8.6%，这可能由于编辑出版学和数字出版在

---

[1] 杨保军."融合新闻学"：符合时代特征的总名称——关于"后新闻业时代"开启后新闻学命名问题的初步思考[J].新闻界,2022(1):100—110+117.

我国高校布点较少，各院校相关师资力量匮乏。此外，相较于应用型院校，研究型院校更倾向于开设数字媒体技术（37.1%）和新闻传播学研究方法（51.4%）课程，不太倾向于开设广告学概论课程（20.0%）。这可能是因为研究型院校对新闻学与广告学专业的区分度较高，而应用型院校希望学生面向工作需求掌握更多元的技能。

表3-13　不同高校新闻学专业课程设置现状（n=62）

课 程 设 置		应用型高校		研究型高校	
		频 数	频 率	频 数	频 率
专业核心课程	中国新闻传播史	27	100.0%	34	97.1%
	外国新闻传播史	27	100.0%	31	88.6%
	新闻采访	26	96.3%	31	88.6%
	新闻写作	26	96.3%	29	82.9%
	新闻编辑	24	88.9%	29	82.9%
	新闻评论	25	92.6%	32	91.4%
	融合新闻学	12	44.4%	7	20.0%
	新闻摄影	21	77.8%	27	77.1%
	媒介经营与管理	16	59.3%	23	65.7%
专业基础课程	新闻学概论	27	100.0%	32	91.4%
	广播电视概论	7	25.9%	4	11.4%
	广告学概论	11	40.7%	7	20.0%
	传播学概论	24	88.9%	27	77.1%

（续 表）

课 程 设 置		应用型高校		研究型高校	
		频 数	频 率	频 数	频 率
专业基础课程	网络与新媒体概论	15	55.6%	19	54.3%
	出版与数字出版概论	2	7.4%	3	8.6%
	新闻传播伦理与法规	24	88.9%	30	85.7%
	马克思主义新闻思想	19	70.4%	31	88.6%
	数字媒体技术	4	14.8%	13	37.1%
	新闻传播学研究方法	13	48.1%	18	51.4%

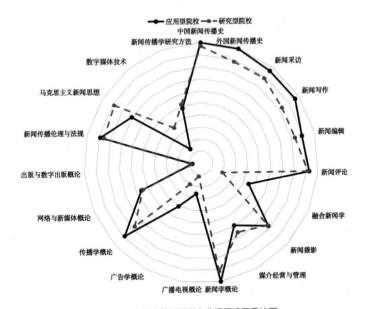

图3-26 不同高校新闻学专业课程设置雷达图

二、广播电视学课程设置比较

除10门基础课程以外，《新闻传播学类教学质量国家标准》同样为广播电视学专业设置了9门专业核心课程，具体开设状况如表3-14和图3-27所示。在43所样本院校中，应用型院校广播电视采访、广播电视写作、融合新闻学、电视节目类型与策划、电视摄像等课程设置的比例远超出研究型院校，非线性编辑的开设比例与研究型院校相当，广播电视史的开设比例远低于研究型院校。这体现出，研究型院校对广播电视学专业的培养更注重理论积淀，强调史学积累；而应用型院校更注重强化专业实践能力，通过专业化操作训练掌握基本功。

值得注意的是，研究型院校在所规定的专业核心课程设置的不足并不意味着其培养质量差，相反，许多研究型院校主动响应全媒体时代和媒体深度融合发展背景下的部署要求，对广播电视学专业进行教学改革。有学者将广播电视学教育分为广播电视新闻学教学阶段、广播电视学教学阶段和视听新媒体教学阶段，并认为从广播电视新闻学到广播电视学主要是量的变化，而从广播电视学到视听新媒体则更主要是质的变化，二者在媒介形态、传播方式、内容特征、制作要求、运营规律等方面都有明显的区别，并对专业教学提出了改革要求[1]。因此，在视听新媒体发展日益波澜壮阔的形势下，许多研究型院校将视听新媒体领域的相关课程

---

[1] 张金桐，景义新，李剑欣. 视听新媒体环境下广播电视学的教学改革目标与路径 [J]. 中国大学教学，2017(4):60—64.

加入现有的教学课程方案中，如北京大学和南京大学均开设视听语言，南开大学开设视听媒介形态学，华中科技大学开设视听传播和视听专题。简言之，研究型院校并非按照《新闻传播学类教学质量国家标准》照本宣科地开设相关课程，而是锐意革新教学，积极融入视听新媒体时代。

就专业基础课程而言，新闻学概论、广播电视概论、传播学概论是应用型院校和研究型院校广泛开设的理论类课程，尤其是新闻学概论，在广播电视学专业中开设的比例甚至高于广播电视概论。这也体现出广播电视学经历了从"广播电视新闻学"到"广播电视学"的教学阶段的转变。在广播电视学专业初步发展和奠定基础阶段，广播电视机构以新闻传播为主，其他功能未充分开发，且广播电视学教育的发展深刻借鉴了新闻学教育，由是得以发展。而随着广播电视业界发生巨大变化，广播电视学专业需要培养面向新闻报道、综艺娱乐、社教服务等不同广播电视节目的人才，亦逐渐形成了自己的学科内涵和知识体系，成为一门应然学科[1]。相较之下，广告学概论、网络与新媒体概论和出版与数字出版概论的开设比例较低；网络与新媒体概论在应用型院校和研究型院校中分别占比61.1%和33.3%；出版与数字出版概论在应用型院校样本中未有开设，也仅占研究型院校样本的5.6%。

此外，新闻传播伦理与法规、马克思主义新闻思想在应用型

---

[1] 张金桐，景义新，李剑欣. 视听新媒体环境下广播电视学的教学改革目标与路径 [J]. 中国大学教学 ,2017(4):60—64.

院校广播电视学专业的开设比例尤引人注目，均占比72.2%，而这两门课程在研究型院校中仅占比66.7%和55.6%。这一课程分布状况与前文所述的人才培养目标不太吻合。换言之，虽然"马克思主义"是研究型院校广播电视学专业培养目标的高频词汇，但后续课程设置中并未凸显马克思主义新闻思想或新闻观的重要地位；反而是应用型院校，比较充分地意识到广播电视作为公共文化服务体系建设的重要组成部分，是做好党的新闻舆论工作、推进马克思主义意识形态的重要载体，故重点培育学生的正确职业道德伦理和意识形态导向。

表3-14　不同院校广播电视学专业课程设置现状（n=43）

课 程 设 置		应用型高校		研究型高校	
		频 数	频 率	频 数	频 率
专业核心课程	广播电视史	3	16.7%	17	68.0%
	广播电视采访	18	100.0%	23	92.0%
	广播电视写作	7	38.9%	9	36.0%
	电视画面编辑	9	50.0%	17	68.0%
	广播电视评论	4	22.2%	4	16.0%
	融合新闻学	8	44.4%	8	32.0%
	非线性编辑	8	44.4%	10	40.0%
	电视节目类型与策划	12	66.7%	3	12.0%
	电视摄像	14	77.8%	14	56.0%

（续 表）

课程设置		应用型高校		研究型高校	
		频数	频率	频数	频率
专业基础课程	新闻学概论	13	72.2%	4	16.0%
	广播电视概论	12	66.7%	23	92.0%
	广告学概论	3	16.7%	17	68.0%
	传播学概论	16	88.9%	5	20.0%
	网络与新媒体概论	11	61.1%	1	4.0%
	出版与数字出版概论	0	0.0%	11	44.0%
	新闻传播伦理与法规	13	72.2%	10	40.0%
	马克思主义新闻思想	13	72.2%	8	32.0%
	数字媒体技术	1	5.6%	10	40.0%
	新闻传播学研究方法	6	33.3%	17	68.0%

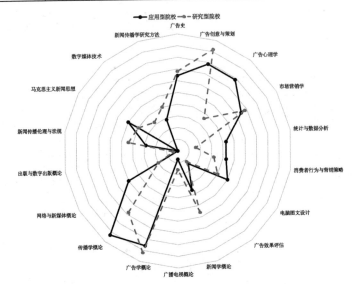

图3-27 不同院校广播电视学专业课程设置雷达图

三、广告学课程设置比较

应用型院校与研究型院校在广告学专业的课程设置情况如表3-15和图3-28所示。在专业核心课程设置上，本研究同样发现研究型院校更注重史学培养，广告史开设占比高达75%，远高于应用型院校的开设比例（64.3%）；广告创意与策划在研究型院校的开设比例同样显著高于应用型院校；广告心理学、统计与数据分析的开设比例与应用型院校存在断崖式差距；市场营销学、消费者行为与营销策略、电脑图文设计、广告效果评估的开设比例与应用型院校相差无几，均呈现出开设不足特征。在专业基础课程开设方面，广告学概论和传播学概论的开设比例尤为突出，均高于70%，甚至部分课程的开设比例高达92.9%。其余课程则开设不足，开设比例在50%以下，出版与数字出版概论和数字媒体技术在本书所选取应用型院校的样本对象中无一开设。可见，广告学作为一门"杂学"，与传播学、营销学、心理学、统计学、计算机科学等学科交叉[1]，广告学专业学子也需要学习相关课程。同时，媒介技术的革新催生了多元化的广告形态，改变了传统的广告模式、传播与接受关系，广告行业正面临向营销与品牌传播的整体转型，"品牌、营销、传播成为现代广告的三大关键词"[2]，这也倒逼人才结构转型升级。多数高校舍弃了部分与广告学相关度

---

[1] 林升栋.为广告学正名[J].青年记者,2021(5):79—82.
[2] 李德团.广告学专业教育面临的三重转型背景[J].青年记者,2018(36):99—100.

较低的专业基础课程，加大战略传播、品牌研究、公共传播等课程的开设力度。

此外，李德团曾指出，技术是新闻传播型广告学专业的软肋，地方院校资源匮乏，往往还停留在传统技术层面[1]。本书所呈现的数字媒体技术课程在应用型院校惨淡的开设现状，也验证了这一结论。

表3-15　不同院校广告学专业课程设置现状（n=34）

课 程 设 置		应用型高校		研究型高校	
		频 数	频 率	频 数	频 率
专业核心课程	广告史	9	64.3%	15	75.0%
	广告创意与策划	11	78.6%	18	90.0%
	广告心理学	11	78.6%	8	40.0%
	市场营销学	9	64.3%	13	65.0%
	统计与数据分析	6	42.9%	3	15.0%
	消费者行为与营销策略	6	42.9%	8	40.0%
	电脑图文设计	7	50.0%	8	40.0%
	广告效果评估	2	14.3%	3	15.0%
专业基础课程	新闻学概论	5	35.7%	10	50.0%
	广播电视概论	1	7.1%	2	10.0%

[1] 李德团.广告学专业教育面临的三重转型背景 [J]. 青年记者 ,2018(36):99—100.

（续　表）

课　程　设　置		应用型高校		研究型高校	
		频　数	频　率	频　数	频　率
专业基础课程	广告学概论	12	85.7%	18	90.0%
	传播学概论	13	92.9%	14	70.0%
	网络与新媒体概论	7	50.0%	4	20.0%
	出版与数字出版概论	0	0.0%	1	5.0%
	新闻传播伦理与法规	4	28.6%	9	45.0%
	马克思主义新闻思想	7	50.0%	7	35.0%
	数字媒体技术	0	0.0%	7	35.0%
	新闻传播学研究方法	4	28.6%	7	35.0%

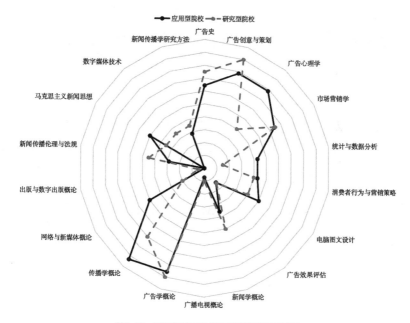

图3-28　不同院校广告学专业课程设置雷达图

四、传播学课程设置比较

传播学专业课程在应用型院校和研究型院校的设置情况如表3-16和图3-29所示。本研究发现，两类院校均重视传播研究方法、新闻学概论、传播学概论、新闻传播伦理与法规、马克思主义新闻思想课程的开设，占比均过半数；调查软件与应用、传播效果与测量、广播电视概论、广告学概论、网络与新媒体概论、出版与数字出版概论、数字媒体技术、新闻传播学研究方法等课程在两类院校中均不被重视，占比在50%以下，甚至部分课程在13所样本院校中均未开设。令人惊讶的是，与其他专业相反，本研究发现大众传播史在应用型院校中开设占比远高于其在研究型院校的比例；跨文化传播、舆论学、传播心理学和受众与视听率分析在应用型院校的开设比例也更高。当然，这也有可能因为本研究所获取的开设传播学专业的应用型院校样本不足。

除《新闻传播学类教学质量国家标准》规定的课程以外，在院系自设课程方面，本研究发现不同院校的开设情况参差不齐：部分院校按照传播类别设置了诸如人际传播学、组织传播学、政府公共关系、环境传播等不同层次的课程体系，回答了如何运用传播处理人际关系、提升企业和国家机构形象，解决社会矛盾等问题；也有一些院校对传播学的教授仅仅以传播学概论课程为主，其他课程则包括基础摄影、视听文本写作、融媒体视听、非线性编辑等，基本与传统新闻学、广播电视学课程无异，这是对传播学专业独特内涵理解的极大偏差，无法较好地反映传播学深厚的学术内涵及教育理念。

表3-16　不同院校传播学专业课程设置现状（n=13）

课 程 设 置		应用型高校		研究型高校	
		频 数	频 率	频 数	频 率
专业核心课程	大众传播史	2	100.0%	3	27.3%
	传播研究方法	1	50.0%	9	81.8%
	跨文化传播	1	50.0%	3	27.3%
	调查软件与应用	0	0.0%	3	27.3%
	舆论学	1	50.0%	2	18.2%
	传播效果与测量	0	0.0%	0	0.0%
	传播心理学	1	50.0%	3	27.3%
	受众与视听率分析	1	50.0%	0	0.0%
专业基础课程	新闻学概论	1	50.0%	7	63.6%
	广播电视概论	0	0.0%	2	18.2%
	广告学概论	0	0.0%	2	18.2%
	传播学概论	2	100.0%	8	72.7%
	网络与新媒体概论	0	0.0%	5	45.5%
	出版与数字出版概论	0	0.0%	0	0.0%
	新闻传播伦理与法规	2	100.0%	8	72.7%
	马克思主义新闻思想	1	50.0%	6	54.5%
	数字媒体技术	0	0.0%	5	45.5%
	新闻传播学研究方法	0	0.0%	3	27.3%

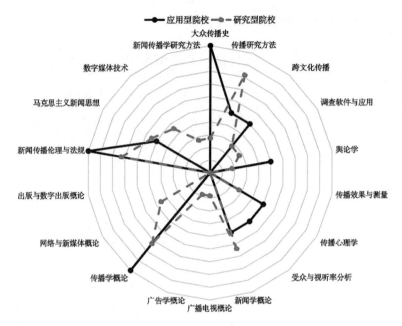

图3-29　不同院校传播学专业课程设置雷达图

五、 编辑出版与数字出版专业课程设置比较

不同院校编辑出版专业及数字出版专业开设专业课程详情如表3-17和图3-30所示。对于应用型院校而言，出版与数字出版概论开设的比例最高（100%），其次是传播学概论、新闻传播伦理与法规（60%），平面媒体编辑、新媒体编辑、新闻学概论、网络与新媒体概论、马克思主义新闻思想、数字媒体技术均占比40%，网络设计与制作、出版物设计与制作、出版法规、广告学概论、新闻传播学研究方法均占比20%，数字多媒体作品赏析、视觉传播、非线性编辑、广播电视概论则未

在应用型样本院校中开设。在研究型院校中，出版与数字出版概论、平面媒体编辑和传播学概论是分布最广泛的三门课程，分别占比100%、75%、50%。新媒体编辑、出版物设计与制作、非线性编辑、出版法规、新闻学概论、广告学概论、网络与新媒体概论、新闻传播学研究方法均占比37.5%，网络设计与制作、数字多媒体作品赏析、视觉传播、广播电视概论、新闻传播伦理与法规、马克思主义新闻思想、数字媒体技术占比25%。简言之，从课程设置分布状况来看，除出版与数字出版概论、平面媒体编辑和传播学概论开设比例高以外，其他课程均处于低排课的状态。

造成这一现状的原因可能如下。其一，在数字化转型方面，虽然目前已有院校尝试在编辑出版与数字出版专业人才培养体系中加入数字技术类课程，如数字出版创意与策划、数字多媒体作品赏析与创作，但整体来看，当前编辑出版专业人才培养体系仍以传统编辑出版人才培养为主，开设出版学、中外出版史、编辑学、图书营销学、中外图书评论等课程。其二，部分院校的编辑出版学未开设在新闻传播院系，而是在其他院系，因此课程结构安排与新闻传播学科有着较大出入。如南京大学的编辑出版学专业设在南京大学信息管理学院，因此课程安排更偏向信息管理学科，开设了信息资源管理导论、大数据应用基础、信息分析、信息检索、管理统计学等课程。

表3-17 不同院校编辑出版及数字出版专业课程设置现状（n=13）

课 程 设 置		应用型高校		研究型高校	
		频 数	频 率	频 数	频 率
专业核心课程	平面媒体编辑	2	40.0%	6	75.0%
	新媒体编辑	2	40.0%	3	37.5%
	网络设计与制作	1	20.0%	2	25.0%
	出版物设计与制作	1	20.0%	3	37.5%
	数字多媒体作品赏析	0	0.0%	2	25.0%
	视觉传播	0	0.0%	2	25.0%
	非线性编辑	0	0.0%	3	37.5%
	出版法规	1	20.0%	3	37.5%
专业基础课程	新闻学概论	2	40.0%	3	37.5%
	广播电视概论	0	0.0%	2	25.0%
	广告学概论	1	20.0%	3	37.5%
	传播学概论	3	60.0%	4	50.0%
	网络与新媒体概论	2	40.0%	3	37.5%
	出版与数字出版概论	5	100.0%	8	100.0%
	新闻传播伦理与法规	3	60.0%	2	25.0%
	马克思主义新闻思想	2	40.0%	2	25.0%
	数字媒体技术	2	40.0%	2	25.0%
	新闻传播学研究方法	1	20.0%	3	37.5%

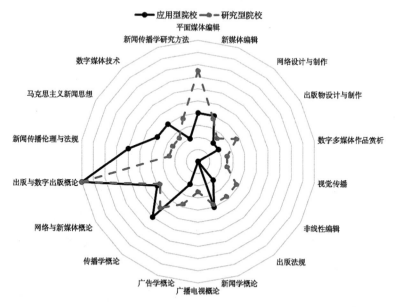

图3-30 不同院校编辑出版与数字出版专业课程设置雷达图

六、网络与新媒体专业课程设置比较

33所样本院校的网络与新媒体专业课程设置情况如表3-18和图3-31所示。对于应用型院校而言，网络设计与制作、融合新闻学、新媒体数据分析与应用和新媒体产品设计与项目管理等专业核心课程开设较为广泛，新闻学概论、传播学概论、网络与新媒体概论及新闻传播伦理与法规等专业基础课程分布较普遍，开设以上课程的应用型院校超过半数。新媒体数据分析与应用、新闻学概论、传播学概论和网络与新媒体概论则是研究型院校普遍开设的课程。可以看出，在网络与新媒体专业遍地开花的趋势下，当前院校的课程设置存在一些问题。其一，网络与新媒体专业的课程结构与传统新闻传播的专业课程相似度过高。从课程设置分布可见，新闻学概论和传播学概论的设置比例较高，传播学概论在研究型院校的分布比例（92.3%）甚至超过了网络与新媒体概论（84.6%）。此外，部分院校自设课程甚至只是在原来传统课程名称前加上"网络""数字"等前缀，是传统新闻传播专业的"网络版"，如网络传播法、网络社会心理学、网络新闻、全媒体新闻报道策划、数据新闻理论与实践等。其二，课程设置散乱，缺乏逻辑性、系统性、科学性，将各类文史哲和技术类课程简单叠加在一起，学生不能有效消化[1]。正如前文对网络与新媒体专业人才培养目标与要求的分析，人才培养目标的笼统与失焦在课程设置方面的体现，则是课程的混杂与叠加。如一些高校将网络与新媒体视为传统新闻学在新媒体时代的延伸，如南开大学和安徽大学网络与新媒体的专业课程以新闻采访、新闻史、全媒体新闻报道、数字多媒体作品赏析与创作为主；部分高校则以技术为导向，暨南大学开设程序设计基础、数据挖掘与分析、信息可视化、用户界面与用户体验，汕头大学开设Python基础与文本数据挖掘、数据库原理与技术、新媒体用户研究、音视频制作基础等课程。

---

[1] 燕道成，张佳明. 新文科背景下网络与新媒体一流专业建设探索[J]. 中国编辑，2021(9):76—80.

表3-18 不同院校网络与新媒体专业课程设置现状（n=33）

课 程 设 置		应用型高校		研究型高校	
		频 数	频 率	频 数	频 率
专业核心课程	网络设计与制作	10	50.0%	4	30.8%
	数字多媒体作品创作	6	30.0%	6	46.2%
	非线性编辑	8	40.0%	2	15.4%
	融合新闻学	10	50.0%	2	15.4%
	新媒体数据分析与应用	13	65.0%	10	76.9%
	新媒体产品设计与项目管理	12	60.0%	3	23.1%
	电子商务基础与应用	3	15.0%	2	15.4%
	网络舆情监测与研判	9	45.0%	5	38.5%
专业基础课程	新闻学概论	12	60.0%	9	69.2%
	广播电视概论	1	5.0%	1	7.7%
	广告学概论	3	15.0%	2	15.4%
	传播学概论	18	90.0%	12	92.3%
	网络与新媒体概论	19	95.0%	11	84.6%
	出版与数字出版概论	0	0.0%	2	15.4%
	新闻传播伦理与法规	13	65.0%	6	46.2%
	马克思主义新闻思想	8	40.0%	3	23.1%
	数字媒体技术	3	15.0%	6	46.2%
	新闻传播学研究方法	6	30.0%	6	46.2%

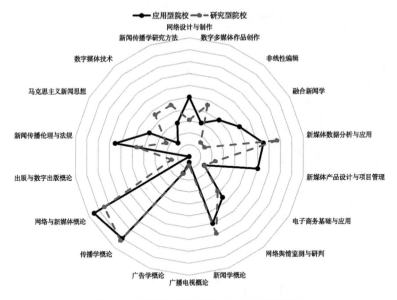

图3-31 不同高校网络与新媒体专业课程设置雷达图

第五节 本章小结

本章基于对我国应用型与研究型代表性高校新闻传播学科各专业的培养方案的词频统计和内容分析,比较剖析了不同类型高校在新闻传播学科各专业培养目标、培养要求和具体课程设置方面的异同点。研究发现,在培养目标和要求方面,应用型院校和研究型院校分别侧重于应用型人才和复合型人才的培养。但新闻学、网络与新媒体等专业在具体培养要求上多有雷同,未根据院校特点进行区分、发挥独有优势。

在具体课程设置方面,首先,两类院校的新闻学专业课程设置与《新闻传播学类教学质量国家标准》基本一致，这表明新闻学专业作为我国最早开设的新闻传播学科专业类型，目前的培养模式已趋稳定。另一方面，这种稳定性也使新闻学专业难以适配融媒体时代的产业和社会需求。虽然部分院校开设了融合新媒体相关课程，但整体课程结构仍遵循传统媒体时代的需求。其次，在广播电视学专业的课程设置方面，应用型院校较好地遵循了《新闻传播学类教学质量国家标准》，而研究型院校则结合时代需求，将视听新媒体领域的相关课程纳入教学课程方案中。其三，鉴于广告学是一门跨学科属性较强的专业，两类院校均开设与传播学、营销学、心理学、统计学、计算机科学等学科相交叉的课程。同时，许多研究型院校舍弃了部分与广告学相关度较低的专业基础课程，加大对战略传播、品牌研究、公共传播等课程的开设力度。其四，对于传播学而言，不同院校的开设情况参差不齐，既有部分院校按照传播类别设置了不同层次的课程体系，也有一些院校对传播学的教授仅仅以传播学概论课程为主，其他课程基本与传统新闻学、广播电视学课程无异。其五，由编辑出版学和数字出版专业的课程设置可见，当前两类院校编辑出版专业人才培养体系仍以传统编辑出版人才培养为主，数字化融入程度较低。最后，研究发现网络与新媒体作为近年来日益火爆的新增专业，课程结构与传统新闻传播专业课程相似度过高，课程设置散乱，缺乏逻辑性、系统性、科学性。

当然，本研究仍然存在一定的不足。一是样本量的不足。尽管笔者依托高校新闻学国家教材基地向全国新闻传播院校征集了培养方案，但未能竭泽而渔，使得部分专业在分析的过程中显得样本量不足。同时，部分课程在全国范围内开设数量较少，这也是研究样本量较小的原因之一。二是缺乏对相关现象的深度分析。本章仅采用描述性的方法对相关数据进行分析，未能结合深度访谈等定性研究的方法，深入探究相关现象的成因。

第四章

中国新闻传播学教材建设现状：
编写、出版及使用

当前，世界大格局加速演变的特征更趋明显，国际舆论竞争日益激烈。新闻传播学科承担着为国家培养合格新闻人才的时代使命和历史重任。教材是学校教育的核心物质手段。新闻传播学教材建设导向和质量，是落实教材国家事权、培养新时代合格的新闻传播舆论工作者关键抓手。改革开放以来，国家高度重视，新闻传播院校精心组织，出版社全力配合，出版了大量广受师生欢迎的新闻传播学教材，为提升新闻传播学科的教学质量发挥了重要作用。但是，受限于诸多主、客观因素，新闻传播学教材并不能充分满足教学一线的需求。此外，长期以来，我们对教材建设的研究工作普遍不重视，导致基础数据严重缺乏，对教材建设的规律缺乏深入把握。在这个背景下，有必要考察新闻传播学教材建设现状，为更好地推动新闻传播学教材建设提供思路。

据此，笔者依托高校新闻学国家教材建设重点研究基地，进行了三方面的基础调研。（1）对全国100所新闻传播头部院校进行问卷调查。（2）对全国52位新闻传播学界的知名专家（见表4-

1）进行深度访谈。通过调研，厘清新闻传播学教材建设现状及问题，明确新闻传播学教材建设导向原则，并提出相关对策建议。

（3）从国家版本数据中心网站（https://pdc.capub.cn/）获取近3万条新闻传播学相关的图书CIP数据。由于本书以新闻传播学教材为分析对象，故采用以下步骤对3万余条CIP数据进行筛选：一是依据既往的研究[1][2]，筛选出含有"教程""引论""概论""原理""导论""基础""通论""总论"等字眼的书籍；二是邀请3名新闻传播专业的研究生，对数据进行核对，删除了考研培训的相关材料（如《〈传播学教程〉笔记和习题详解》）、英语类教材（如《大学英语新闻视听说教程》），及其他非新闻传播专业教材的图书（如《电子政务概论》《全媒体小记者教育教程》）等数据；三是再次对整体数据进行核对，并补充相关信息，如教材编写者所在单位、定价和页数等。

表4-1　受访专家信息

编　号	专家性别	专家所在学校	编　号	专家性别	专家所在学校
Z1	女	中国传媒大学	Z3	女	中国传媒大学
Z2	女	中国传媒大学	Z4	男	中国传媒大学

[1] 王子健.中国传播学教材建设情况考察(1988—2022年)[J].青年记者,2023(21):98—101.
[2] 张康,李卓卓.中国图书馆学专业教材建设百年历史演变[J].图书情报知识,2021,38(4):27—40.

（续　表）

编　号	专家性别	专家所在学校	编　号	专家性别	专家所在学校
Z5	男	中国人民大学	Z25	男	武汉大学
Z6	男	中国人民大学	Z26	男	武汉大学
Z7	男	中国人民大学	Z27	男	武汉大学
Z8	男	中国人民大学	Z28	男	武汉大学
Z9	男	中国人民大学	Z29	男	华中科技大学
Z10	女	清华大学	Z30	男	华中科技大学
Z11	男	清华大学	Z31	女	华中科技大学
Z12	男	清华大学	Z32	女	华中科技大学
Z13	男	北京大学	Z33	男	四川大学
Z14	男	北京大学	Z34	男	南京大学
Z15	男	河北大学	Z35	男	南京大学
Z16	男	河北大学	Z36	男	南京大学
Z17	女	黑龙江大学	Z37	女	安徽大学
Z18	女	暨南大学	Z38	男	上海大学
Z19	男	暨南大学	Z39	男	上海大学
Z20	男	暨南大学	Z40	男	上海交通大学
Z21	男	暨南大学	Z41	男	上海外国语大学
Z22	男	中山大学	Z42	女	华东师范大学
Z23	男	中山大学	Z43	男	复旦大学
Z24	男	厦门大学	Z44	男	复旦大学
Z45	男	复旦大学	Z49	男	复旦大学

（续　表）

编　号	专家性别	专家所在学校	编　号	专家性别	专家所在学校
Z46	男	复旦大学	Z50	男	复旦大学
Z47	男	复旦大学	Z51	男	浙江大学
Z48	男	复旦大学	Z52	男	浙江大学

第一节　新闻传播学教材编写和出版现状

一、新闻传播学教材编写与出版现状

经过筛选，一共有2 326本新闻传播学教材被用于本书的后续分析。由于版本馆缺失2000—2002年间、2022—2023年间的部分数据，这些年份所呈现的新闻传播学教材出版数据具有较大的偏差。如图4-1所示，总体来看，自新闻传播学科成为一级学科

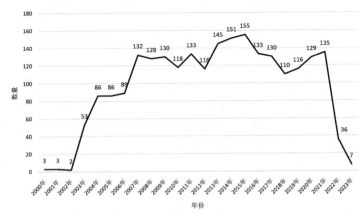

图4-1　新闻传播学教材出版年份分布图

以来，专业教材的出版数量保持着较高的水准，出版数量最高的
年份为2015年，该年共出版新闻传播学教材155本。2000—2015
年间，新闻传播学教材出版数量整体呈震荡上升趋势，2015年后
则呈现出先抑后扬的状态。

（一）新闻传播学教材类别分析

由于新闻传播学下设的9个专业之间存在较强的关联性，专
业课程交叉现象较为普遍，这为教材的专业划分带来了一定的难
度。因此，本书采用COOC 13.5软件对新闻传播学教材名称进行
词云图分析，试图探究新闻传播学教材的类别发展趋势。

如图4-2所示，整体来看，新闻传播学教材命名以"原
理""实务""基础""概论""教程"等为主。以首届全国教材建
设奖新闻传播学类的获奖教材为例，其中2本教材以此类方式命

图4-2　新闻传播学教材名称词云图（整体）

名：复旦大学李良荣教授的《新闻学概论》、中国人民大学郭庆光教授的《传播学教程》。同时，"新闻""传播""广告"是出版教材较多的专业领域；其中，"新闻"与"广告"所对应的专业是新闻学和广告学，此二者是新闻传播学成为一级学科以来就存在的专业；而"传播"出现的频率较高，则凸显了当下"小新闻、大传播"的取向[1]。

近年来，媒介技术的迭代推动了新闻传播学科专业的发展，最初的4个专业（新闻学、广播电视新闻学、广告学与编辑出版学）发展为2020年的10个专业（新闻学、广播电视学、广告学、编辑出版学、传播学、网络与新媒体、数字出版、时尚传播、国际新闻与传播、会展）[2]。作为知识传播的载体[3]，教材的内容亦可能随着专业的发展而有所变化。为验证这一设想，考虑到2011年增设了"新媒体与信息网络"专业[4]，笔者以2011年为节点，分别对2011年前和2011年（含）后的新闻传播学教材名称进行词云图分析（见图4-3和图4-4）。2011年以前，教材以"新闻""广告"和"传播"为主；2011年（含）以后，新闻传播学教材则在

[1] 李良荣, 张华. 从"小新闻"走向"大传播"——新闻传播学学科建设和科研的新取向 [J]. 现代传播 (中国传媒大学学报), 2013, 35(8): 34—38.
[2] 张大伟, 谢兴政. 新闻传播学专业设置20年"流动全景图"：趋势、特征及影响因素 [J]. 现代传播 (中国传媒大学学报), 2023, 45(10): 150—160.
[3] 田慧生. 新时代教材建设的若干思考 [J]. 课程. 教材. 教法, 2019, 39(9): 4—6.
[4] 教育部. 教育部关于印发《普通高等学校本科专业目录 (2012年)》《普通高等学校本科专业设置管理规定》等文件的通知 [EB/OL]. [2024-04-15]. http://www.moe.gov.cn/srcsite/A08/moe_1034/s3882/201209/t20120918_143152.html.

"新闻""广告"和"传播"的基础上，新增了"新媒体"这一关键词。教材名称词云图的这一变化趋势充分表明，新闻传播学教材的发展与技术迭代同步。

图4-3　新闻传播学教材名称词云图（2011年前）

图4-4　新闻传播学教材名称词云图（2011年及之后）

（二）新闻传播学教材主要作者分析

在主要作者方面，笔者使用FineBI软件对新闻传播学教材的第一作者进行分析。整体来看，新闻传播学教材的作者主要有两种类型：学者个体和团队组织。如图4-5所示，具有代表性的团队组织是全国出版专业职业资格考试办公室，组织编写了《出版专业理论与实务》等系列教材。宫承波、陈培爱、陈力丹、李良荣、匡文波和周鸿铎是编写新闻传播学教材较多的作者。

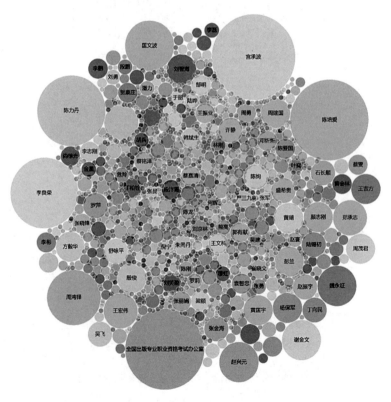

图4-5　新闻传播学教材主要作者气泡图（整体）

版本数量在一定程度上代表了教材知识内容更新的及时程度，能够反映新闻传播业界的最新变化[1]。对新闻传播学教材版本更新频次进行分析（见表4-2）后可知，共有12本教材更新了5个及以上版次。其中，中国传媒大学宫承波教授的《新媒体概论》更新版次最多，共有10个版次；其次为复旦大学颜志刚教授的《摄影技艺教程》和李良荣教授的《新闻学概论》，两本教材均有8个版本。在这些教材的第一作者单位方面，复旦大学共有3位学者入选，位列所有新闻传播院校的头名；其次为中国传媒大学和中国人民大学，分别有2位学者的教材更新的版次较多。

表4-2　新闻传播学教材更新版次前列明细

教 材 名 称	作 者	最新版次	第一作者单位
新媒体概论	宫承波	10	中国传媒大学
摄影技艺教程	颜志刚	8	复旦大学
新闻学概论	李良荣	8	复旦大学
新闻传播法教程	魏永征，周丽娜	7	汕头大学
公共关系教程	李道魁	6	不详
广告原理与实务	赵兴元，仲晓密	6	东北财经大学
广播电视学概论	黄匡宇，黄雅堃	6	华南理工大学
新闻心理学概论	刘京林	6	中国传媒大学
新闻理论教程	杨保军	5	中国人民大学

[1] 张昆.高校新闻专业教材建设的误区[J].新闻与写作,2019(2):64—69.

（续　表）

教材名称	作者	最新版次	第一作者单位
当代新闻评论教程	丁法章	5	复旦大学
广告学教程	蔡嘉清	5	湖北工业大学
新闻摄影教程	盛希贵	5	中国人民大学

以2011年为分界点，比较新闻传播学教材主要作者的分布情况，笔者发现2011年以前编写新闻传播学教材较多的组织或学者是全国出版专业职业资格考试办公室、陈培爱和周鸿铎（见图4-6）。2011年（含）以来，编写新闻传播学教材较多的则是宫承

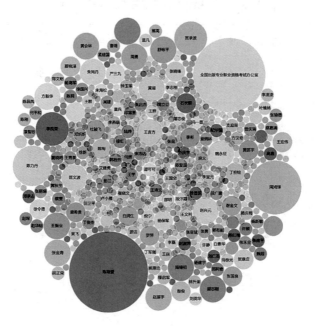

图4-6　新闻传播学教材主要作者气泡图（2011年前）

波、李良荣和陈力丹三位学者（见图4-7）。结合表4-2的分析，

不难发现这些组织或学者排名前列很重要的一个原因在于，深耕

一本教材，并以2—3年为周期进行修订。

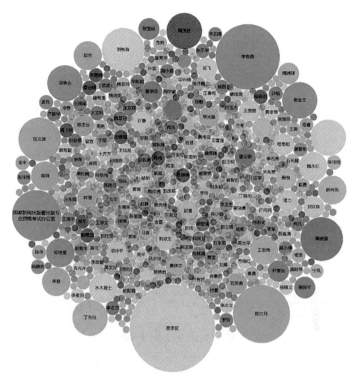

图4-7　新闻传播学教材主要作者气泡图（2011年及之后）

（三）新闻传播学教材出版社分析

出版社在教材建设的过程中发挥着极为重要的作用。笔者对

新闻传播学教材出版社进行分析，发现新闻传播学教材的出版工

作主要由中国传媒大学出版社、中国人民大学出版社、高等教育

出版社、清华大学出版社、北京大学出版社、复旦大学出版社和武汉大学出版社等完成（见图4-8）。结合近几轮学科评估结果进行分析，不难发现这些出版社所在高校的新闻传播学科均处于全国的头部。

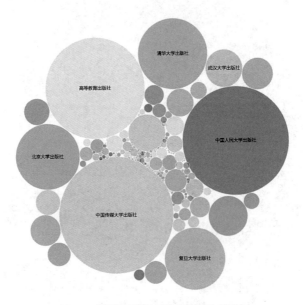

图4-8　新闻传播学教材出版社气泡图（整体）

同时，以2011年为分界点进行分析，这两段时间内，主要的新闻传播学教材出版社具有较为显著的变化。其中，2011年以前，出版社发行新闻传播学教材数量处于前3名的依次为中国人民大学出版社、高等教育出版社和复旦大学出版社（见图4-9）。进入2011年以后，处在前列的则是中国传媒大学出版社、中国人民大学出版社和高等教育出版社（见图4-10）。

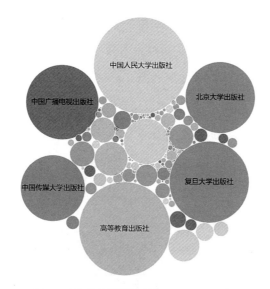

图4-9　新闻传播学教材出版社气泡图（2011年前）

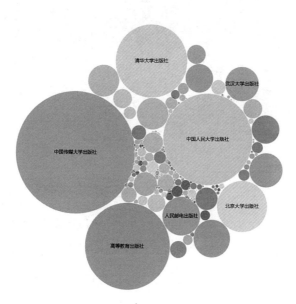

图4-10　新闻传播学教材出版社气泡图（2011年及之后）

（四）新闻传播学教材主要编写者单位分析

笔者对数据库中的新闻传播学教材的第一作者所在单位进行整理，其中1052本教材的第一作者所属单位不详，占比为45.23%；其余教材第一作者单位均以教材出版时作者的单位进行统计。如图4-11所示，整体来看，中国传媒大学、中国人民大学、复旦大学和厦门大学在新闻传播学教材建设方面具有较多的产出，为我国新闻传播人才的培养提供了物质载体。

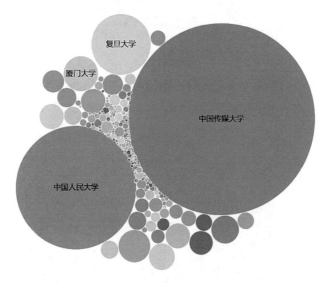

图4-11　新闻传播学教材主要编写者单位气泡图（整体）

图4-12和图4-13分别显示了2011年前和2011年（含）后新闻传播学教材主要编写者单位的基本情况。由两图的对比不难发现，中国传媒大学、中国人民大学和复旦大学的教师出版的教材数量始终处于前列。

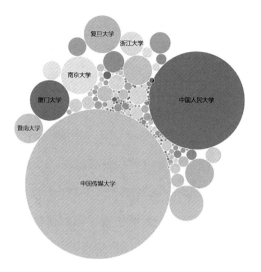

图4-12　新闻传播学教材主要编写者单位气泡图（2011年前）

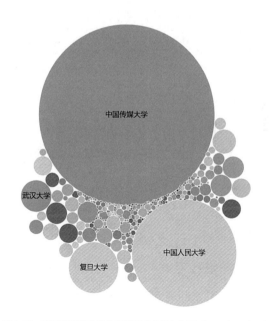

图4-13　新闻传播学教材主要编写者单位气泡图（2011年及之后）

（五）新闻传播学教材所属系列分析

教材建设是育人育才的重要依托，体现国家意志，是国家事权。教材建设的重要性、规范性和科学性已上升到国家教育战略的高度。同时，成套教材的知识体系更加完整、质量更高，具有较高的实用性、易用性和权威性，因此，单独统计教材类套书的选题结构有利于更好地了解新闻传播领域的教材建设情况。

新闻传播学教材所属的系列较多。其中出版教材数量较多的系列为"复旦博学""21世纪新闻传播学系列教材"和"21世纪新闻与传播学系列教材"。具体而言，复旦大学出版社取复旦校训开头两字推出的"复旦博学"系列教材囊括新闻传播领域图书种类最多，包括《新闻学概论》（李良荣）、《马克思主义新闻经典教程》（童兵）、《新闻评论教程》（丁法章）、《中国新闻事业发展史》（黄瑚）、《外国新闻传播史导论》（程曼丽）、《当代广播电视新闻学》（张骏德）、《当代广播电视概论》（陆晔）、《网络传播概论》（张海鹰等）、《新闻采访教程》（刘海贵）、《西方新闻事业概论》（李良荣）、《新闻法规和职业道德教程》（黄瑚）、《中国编辑史》（姚福申）、《广告运作策略》（刘绍庭）、《当代电视摄影制作》（黄匡宇）等。

中国人民大学出版社组织编写的"21世纪新闻传播学系列教材"包括《新闻理论新编》（郑保卫）、《新闻编辑学》（蔡雯许等）、《中国新闻传播史》（方汉奇）、《广告学教程》（倪宁）、《广播电视概论》（周小普）、《新闻理论教程》（杨保军）、《危机传播管理》（胡百精）、《外国新闻传播史纲要》（陈力丹、王辰瑶）、《广告美学：原理与案例》（祁聿民、苏扬等）、《新闻摄影教程》（盛希贵）、《国际传播》（李智）、《当代新闻写作》（白贵）、《新闻传播法教程》（魏永征）等。

"21世纪新闻与传播学系列教材"，是2006年北京大学出版社出版的系列图书，共21本教材，其中包括《传播伦理学》（陈汝东）、《现代出版学》（师曾志）、《电子出版技术》（谢新洲）、《电视节目主持人》（刘洁）、《中国新闻传播史》（陈昌凤）、《媒介批评》（雷跃捷）、《传媒经营管理新论》（谭云明）、《媒介营销教程》（董璐）、《广告心理学》（徐金灿）、《跨文化传播学导论》（孙英春）、《世界书业概论》（李苓）、《出版经营管理》（肖东发）、《新闻学导论》（谢金文）、《舆论学概论》（许静）、《视听语言》（陆绍阳）、《全球传播》（陈阳）、《新闻理论教程》（骆正林）、《新闻摄影实务》（盛希贵和周邓燕）、《电视纪实节目采制概说》（王辉）、《国际出版业导论》（杨贵山）和《广播电视播音主持》（柴璠）。

二、 新闻传播学教材编写与出版的不足之处

通过对全国52位知名专家的深度访谈，笔者发现我国新闻传播学教材编写存在以下三个方面的不足：

第一，激励制度有待完善，一线教师编写教材的内在动力不足。教材作为教育事业开展的核心物质手段，应该得到教育行政

主管部门及高校的重视和认可，以提升教师参编教材的积极性[1]。但是，长期以来新闻传播院校现有的教师考核机制具有重科研的倾向[2]，往往忽视了对教材编写的鼓励，专家Z45更是直接指出，"教育行政部门和学校在评奖或职称评聘时，统计科研工作会凸显'教材除外'，一定程度上打击了教师编写教材的积极性"。同样，专家Z35则直击当前高校评价制度的短板，认为"大学的考评不会把教材编写作为业绩，也不纳入考评体系，越是优秀教师越不会去编写教材"。在这种急功近利的考核制度的推动下，大量的新闻传播院校唯量是举，形成了"多而不精、大而不强"的大水漫灌式的学术研究倾向[3]，教师甚至忽视了教书育人的本职工作。因此，新闻传播院校的一线教师整体上对教材编写的内在动力不足。久而久之，教师编写教材的意愿逐渐降低，使得优秀新闻传播学教材的出版有"偶发性"。

第二，新闻传播舆论生态复杂，教材编写的"守正创新"不足。当前，世界大格局加速演变的特征极其明显，意识形态领域的斗争尤为激烈，面对前所未有的大好机遇及复杂的新闻舆论生态，必须坚持马克思主义新闻观的指导地位。党的十八大以来，习近平总书记从新闻传播新格局和舆论生态新变化出发，提出了

[1] 彭定.高职院校教师编写教材动力的缺失及其解决方法 [J].科技与出版，2013(4):46—47.

[2] 檀慧玲.高校教师考评机制的理性分析——论"重科研"的对与错[J].中国教师，2011(21):62—64.

[3] 米博华.负重快行的新闻传播教育如何致远? [J].新闻大学，2020(9):1—9.

一系列富有创新性的与新闻传播相关的重要思想、观点和论断，丰富和发展了马克思主义新闻观，是做好新时代党的新闻舆论工作的指南针[1]。

　　专家们具有一个普遍共识，即目前一定程度上存在概念化理解习总书记关于新闻舆论工作重要论述的偏向，使得重要论述与教材内容之间存在"两张皮"的现象。具有丰富的新闻实践经验的专家Z50认为，"当前新闻传播学教材要解决的是怎么才能够以更生动鲜活的方式去阐述习总书记的重要论述"。而深耕于新闻学本科教育一线数十年的专家Z31，就这一问题进行了更为详细的说明，提到"关于新闻舆论工作，总书记有很多重要讲话，政府有很多文件及会议，但教材如果只是停留在转述这些讲话、文件或会议精神，就会让人感到这只是罗列堆砌，既不符合教材的要求，也不适合作为讲课的内容"。因此，如何"随风潜入夜，润物细无声"地推进习近平总书记关于新闻舆论工作的相关论述进教材是新闻传播学教材建设的新要求和新使命。

　　第三，新闻传播媒介技术变迁迅速，教材编写与业界实践存在一定的脱节。新媒体技术迅速发展，新闻传播舆论生态发生重大变革。因此，一方面，高校开设网络与新媒体专业，培养适应新媒体环境的新闻传播人才；另一方面，作为传播知识的最基础途径，教材编写须迅速跟上技术变革，有效助力学生职业发展、

---

[1] 甄言. 对传播现象深刻变化的思考 [N]. 北京日报, 2019-02-11(14).

满足业界要求。近年来，各新闻传播学教材头部出版社精心策划，组织一线教师，编写网络与新媒体专业课程的教材，形成"多系列新媒体教材并存"的格局，如复旦大学出版社出版的"网络与新媒体传播核心教材系列"、中国人民大学出版社出版的"21世纪新媒体专业系列教材"等。

不少专家认为，现有大量的新闻传播学教材均存在"出版即落后"的现象，尤其是与新媒体相关的教材。其中，受访专家Z27认为，"现在的教材对互联网时代的相关问题解读较少，延伸不够"。同样，受访专家Z28也表示，"新闻传播学教材中的理论是需要经典的，但案例一定需要经典与时效相结合，要用经典理论解读互联网时代的实践案例，才能让学生在毕业后与社会更好衔接"。由此可见，一线教师和学生对新知识的渴求与当前新闻传播学教材内容相对滞后之间的矛盾，亦是当前新闻传播学教材建设所面临的困境之一。

第二节　新闻传播学教材使用现状

为落实《关于加强和改进新形势下大中小学教材建设的意见》，国务院于2017年成立国家教材委员会，统筹、指导和管理全国教材工作。在国家教材委员会的指导和统筹下，高校教材实行国务院教育行政部门、省级教育主管部门和高校分级管理制度。但在具体的管理过程中，存在诸多问题困扰着高校教材建设，尤其是教材选用制度难以落实及不完善等问题[1]。当前，高校缺乏科学的教材选用标准。众多高校教材的选用指示中只提及选用要求，并无选用标准，使得教师在选用教材时缺乏有效的参照依据，并呈现出以下三点使用现状：

一是，教材选用具有"唯规划"的倾向及"本校意识"。虽然国家各部委组织编写的规划教材具有较高的质量，大量的高校要求教师选教材以规划教材为首选，久而久之，造成教材的选择是一种"定选"或"必选"状态，导致优秀教材进不来、"落后"教材出不去的情况时有发生。同时，"本校教材"是部分新闻传播头部院校教师的首选，这已经成为部分知名新闻传播院校的普遍现象。如担任某新闻传播学院院长的受访专家Z37表示，"我们学院很多老师愿意用自己编的教材，或是本校其他老师编的教材，因为这些教材在一定程度上是根据本校的学生状况而编写的"。受访专家Z6也认可了这一现象，并认为"我们学校新闻传播专业办学历史较长，有一定的积淀，教师编的教材也较多、较有深度，比较符合我们的学生培养诉求"。由此可见，产生"本校意识"这一现象积极的原因在于"本校教材"符合学校教育目标、质量较高。当然，也有受访专家对此现象表示忧虑，认为不少教师使用本校教材是因为"'自产自销'的利益考量"（受访专家Z23）。

二是，"1+X"（主教材+X本辅助教材）使用模式逐步形成，

---

[1] 刘学智，丁浩然. 我国高等教育教材制度：沿革、问题与路径 [J]. 东北师大学报（哲学社会科学版），2020(2)：140—147.

授课使用自编讲义情况较突出。调查发现，中国人民大学、中国传媒大学和复旦大学等多家头部新闻传播院校教师选用教材时倾向于"1+X"模式，即1本课程核心教材辅之以X本辅助教材或其他阅读材料。这种模式广受专家好评，是一种体现各校新闻传播人才培养特色的重要方式。此外，笔者在调研时发现，部分教师以使用自编讲义为主，以新闻学专业为例，有7.4%的专业核心课程使用自编讲义进行讲授，这也反映出当下各高校的教材选用制度亟待健全和落实。这表明教材的"选"和"用"在教学中是一个复杂的问题，这一方面是"选"不一定适合于"用"，另一方面是"选了"不一定就"用了"。

三是，外译教材选用制度亟待完善。受访专家认为，不应该把外译教材"一棒子打死"，一些优质的国外教材可以为我国新闻传播教学提供参照。与国内教材相比，外译教材对同一问题有不同的论述方式，有助于学生掌握不同的体系、视角、方法和思维方式的阐释能力，了解知识体系赖以生存的文化土壤和国情背景，拓宽学生的学术视野和认识边界。调研发现，新闻学专业教材整体上本土化程度较高，使用外译教材的比例仅为5.9%；传播学专业教材外译教材和英文教材的比例较高，达18.6%，涉及的课程范围较广，相对集中于"传播研究方法""国际传播"等非专业核心课程。目前，引进的外译教材存在的问题主要体现在翻译质量和内容政治审查两个方面，尤其是内容政治审查的缺失，极有可能导致存在价值导向问题的教材进入课堂，不利于我国新闻传播人才的培养。

第三节　本章小结

本章通过实证研究，描摹了我国新闻传播学教材编写、出版和使用的现状，为新闻传播学教材建设工作提供了"底数"参考。但仍有一些不足需在后续的研究开展中进行弥补，如CIP数据的不够全面，应该囊括更多的数据库以更为全面地描绘我国新闻传播学教材建设情况，并结合媒介技术发展、新闻传播专业发展、政策法规和地域经济等因素，分析新闻传播学教材建设的动态特征和演变趋势，以期为我国新闻传播学教材建设的相关决策提供历史依据。

第五章

中国新闻传播学教材研究：基本情况、主要议题及未来方向

当下，全球化和数字化浪潮深度冲击了新闻传播学赖以生根的土壤，引发了对学科教育模式的根本性反思与重新定位。这种变革不仅提出了新的教育要求，更赋予了新闻传播学新的使命和责任。在这一背景下，我国学界围绕学科教育理念、教学方法、课程设计和教材建设进行了一系列探讨和研究，为教育实践提供了重要的理论资源。特别是，教材作为学科知识的基本载体和学科教育的重要工具，对学科人才培养乃至整体发展意义重大。开发和构建融合本土特色和时代特征的教材，不仅是实现学科内在逻辑自洽以促进学科创新与进步的关键要求，更是实现学科本土化建设以构建中国自主知识体系的重要途径。

当前，我国新闻传播学者在借鉴欧美新闻传播学知识谱系和其他学科知识、理论的基础上，以马克思主义理论为指导，回归中国现实语境，编写出版了大批具有广泛影响力的新闻传播学教材。围绕于此，教材研究一方面实现了从注重教材内容、体系结构、生产体制的基础性研究，向关注教材质量评价、教材与当下

人才需求的适切性、教材新形态开发的深入讨论的明显转向，呈现出随时代需求而演变的发展脉络，另一方面还包括了从宏观的教材建设发展趋势、知识框架和现实困境分析，到中观层面的中外教材建设比较、教材编写实际问题讨论，再到以某本教材为例的内容探讨等多层次的研究取向，展现出学界对教材质量提升路径的全面探寻。

然而，面对日益增加的学术成果，当前尚缺系统性的框架以对其进行全方位的梳理、整合和讨论。因此，本研究试图通过全面回顾新闻传播学教材研究的发展历程，包括研究的基本情况和主要议题等，挖掘和总结新时代构建高质量新闻传播学教材体系的历史智慧和理论资源，进而指明中国新闻传播学教材研究的未来方向，为中国新闻传播学教材的研究创新提供参考。

第一节 基本情况

文献检索的全面性直接影响研究的准确性。笔者于2024年3月将"新闻传播教育""出版教育""新闻传播教材""出版教材"等作为主题词在中国知网进行检索，排除非CSSCI期刊和非北大核心期刊的学术论文，一共检索到406条文献记录。通过对检索文献的阅读，手动排除会议报道、访谈等非学术论文，并将与研究主题无关的论文一并排除，最终获取104条有效数据（见附5-1）。

如图5-1所示，新闻传播学教材学术论文发表最多的年份分别是2021年、2019年和2007年，其中，2021年共发表了12篇相关的学术论文，2019年发表的学术论文数量为9篇，2007年发表的学术论文数量则为8篇。数据显示，104篇文献总共被引用753次，篇均被引用7.24次。在参与作者方面（见图5-2），共131位学者有参与新闻传播学教材研究的经验，其中刘海贵发表的文章数量最多，次之为杨保军、张大伟，文章数量分别为4篇、3篇、3篇。在第一作者所在单位方面（见图5-3），共有70个机构的学者以第一作者的身份参与过新闻传播学教材研究，复旦大学新闻学院和中国人民大学新闻学院是较为关注新闻传播学教材的院系，出现频次分别为8次、7次。

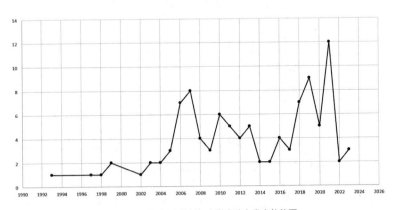

图5-1　新闻传播学教材研究学术论文发表趋势图

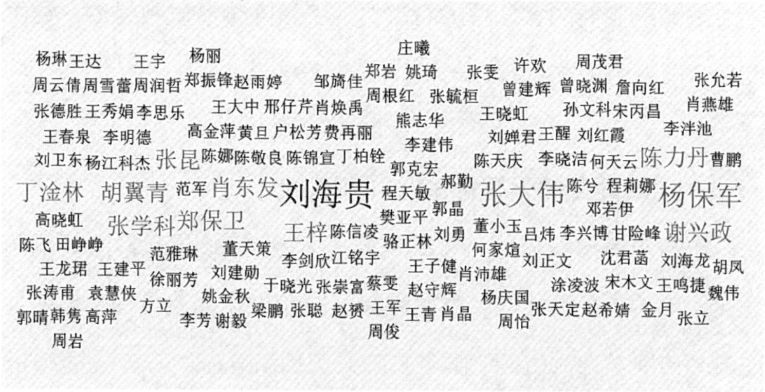

图5-2　新闻传播学教材研究学术论文发表作者词云图

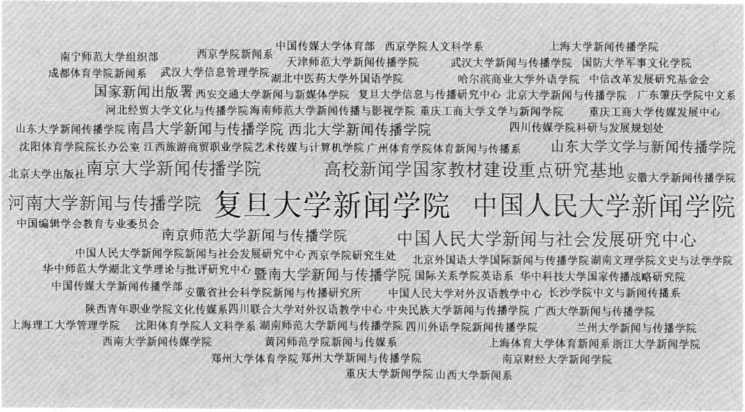

图5-3　新闻传播学教材研究学术论文发表第一作者单位词云图

第二节　主要议题

对文献内容的进一步分析发现，相关文章主要以新闻传播学

教育为主体，并将教材建设纳入其中，将其作为新闻传播学教育

不可或缺的重要内容。总的看来，关于新闻传播学教材的研究主要包含以下七个方面。

一、 新闻传播学教材建设的困境研究

新闻传播学教材的困境研究始于20世纪90年代，主要试图通过简单的差异性比较，推进教材更新和优化建设进程。最早关注新闻传播学教材建设的学者是陈天庆和张崇富。前者认为20世纪90年代的新闻学教材与50年代的教材差异不大，尤其缺少新体裁的写作教程[1]；后者则将彼时教材困境归纳为固定教材的时效性不足和"活教材"的理论性不足[2]。新闻传播学成为一级学科后，开设新闻传播学相关专业的院校数量急剧上升，教材需求量也随之增大，继而引发了学术界对教材编写、引进以及教材生产机制的深入讨论。

在教材的编写层面上，刘海贵梳理了20世纪八九十年代以来中国的传播学者贡献的近百本教材或译著，指出由于对外交流有限、最新资料信息缺失及诸多自身原因，彼时传播学教材建设呈现出表面繁荣、实质薄弱的现象[3]。不仅是新闻学科内部存在反思的声音，其他学科也开始关注新闻学教材的编写工作，并围绕其

---

[1] 陈天庆. 新闻教育如何面向新世纪 [J]. 新闻大学 , 1998(2) : 91.

[2] 张崇富. 问题与对策——报刊课之我见 [J]. 汉语学习 , 1999(4) : 51—53.

[3] 刘海贵. 传播学教育在中国 [J]. 西南民族大学学报 (人文社科版), 2006 (12) : 174—178.

不足之处，提出相关建议[1]。在教材的引进层面上，刘海龙指出在我们引进国外传播理论教材中存在移译的盲点，具体表现为教材引进主要侧重于大众传播理论，对传播研究的其他领域（特别是人际传播、修辞学等）介绍得还不够，泛泛的概论介绍偏多，具有一定深度的理论考察还比较少，对理论范式的介绍也还不够开放，仍是客观经验主义范式一统天下的局面[2]。

深入教材的生产机制维度，陈力丹分析了我国高校新闻传播学教材"多而少精"的现状，认为高校和研究人员之间的相互竞争非但没有起到促进的作用，反倒产生了恶性的结果，以致诸多教材水平不高且内容重复，并由此提出了"高校的院系与对口的研究单位合作编写教材、高校冠名'研究'的单位相对独立于教学单位、不鼓励没有较深功底的教师写教材、采取措施防止质量很差的教材贻害学生"等四条针对性较强建议[3]。在陈力丹讨论的基础上，有学者将相关思考归纳为寻找新的权威性教材[4]。也有学者通过量化研究的方式，就新闻学教材内容重复的问题，对中国人民大学出版社、复旦大学出版社、高等教育出版社等新闻学权威出版社的教材开展了抽样和分析工作，并集中讨论了这一现象

[1] 曾晓渊.新闻学名存实亡——从李良荣《新闻学概论》（二版）看新闻学研究的核心缺失[J].中国图书评论,2007(2):40—43.

[2] 刘海龙.被经验的中介和被中介的经验——从传播理论教材的译介看传播学在中国[J].国际新闻界,2006(5):5—11.

[3] 陈力丹.改进高校新闻传播学教材的生产体制[J].传媒观察,2005,(8):37—38.

[4] 骆正林.新闻传播教育面临的难点[J].当代传播,2006(1):73—74.

的原因、弊端和解决措施[1]。同时也有学者认为评价体系的不足使得部分新闻传播学教材内容与时代发展要求不符合,体例较为陈旧[2]。

在以上多维度的研讨基础上,近年来我国教材建设的困境研究主要聚焦于精准化、精细化以及与时俱进等方面。在精准化方面,张昆指出,当前教材建设存在几个误区,从误以为教材只是教科书,到误以为教材建设只是教科书编写者的事情,再到误以为教材建设门槛低,并立足于专著与教材混淆的现象,提出只有正视教材建设存在的诸多问题,才能够打造出满足人才需求和回应社会期待的教材[3]。在精细化方面,户松芳聚焦于新闻传播类本科教材的困境及建设性路径,提出需要重视教材建设中的学理性、共识性和规范性[4];周云倩和赵赟则从精品教材建设的角度列出了新闻传播学教材存在学科话语西化、学科边界窄化和教材出版模式老化等问题及相应举措[5];郑振锋和张聪从新闻史教材规范性弱、时效性差和同质性严重等问题出发,提出精简内容、定期更新以及讲述历史故事和采用数字版本等策略[6]。在时代性方面,姚

[1] 陈兮.关于新闻学教材内容重复问题的思考 [J]. 新闻界 ,2008(4):181—182.

[2] 曹鹏.正视新闻教育的繁荣与危机 [J]. 新闻记者 ,2007(11):61—63.

[3] 张昆.高校新闻专业教材建设的误区 [J]. 新闻与写作 ,2019(2):64—69.

[4] 户松芳.新闻传播类本科教材的困境及建设性路径 [J]. 青年记者 ,2021(16):98—99.

[5] 周云倩,赵赟.新闻传播学教材的现实困囿与提升路径——基于精品教材的分析 [J]. 青年记者 ,2023(12):116—118.

[6] 郑振锋,张聪.中国新闻史教材现存问题与建议探析 [J]. 出版广角 ,2019(14):77—79.

琦结合新媒体语境，认为新闻理论教材体系滞后于新传播技术和新媒体形态[1]。

二、 马克思主义新闻观教材建设研究

马克思主义新闻观教材是具有我国特色的新闻传播学教材类型，在新闻传播学长期的发展过程中发挥着至关重要的指导性作用。对于马克思主义新闻观教材建设的研究主要涵盖了反思问题和找寻路径等维度。

教材建设服务于教学需要。如何使用马克思主义新闻观教材开展教学工作一直是教师最为关心的问题之一。对此，樊亚平提出，应围绕马克思主义新闻观课程教学中的目标、原则和方法，以兴趣、能力和认同为关键词，引导学生梳理学习马克思主义新闻观的目标，以理论推导阐释、传承初心使命和实现民族复兴为原则，选用优质教材并启发学生举一反三、结合实际，最终实现马克思主义新闻观教学的目标、原则和方法的统合效果[2]。在掌握一定的教材使用现状和教学方法后，陈锦宣和费再丽讨论了马克思主义新闻观如何融入新时代新闻传播人才培养体系的问题，认为需要以人才培养目标为基点进行整体设计和宏观布局，全覆盖融入课程教材内容、全链式融入教育教学环节、全域性融入人才

---

[1] 姚琦.新媒体语境下新闻理论教学的问题与方法探索[J].传媒,2018(14):81—83.

[2] 樊亚平.教好马新观，"功夫在诗外"——"马克思主义新闻理论"教学的目标、原则与方法[J].新闻与写作,2018(8):14—17.

培养空间以及全过程融入教育质量评价[1]。在教材的应用实践维度，周茂君和沈君菡以湖北省29所高校为例，运用质性研究方法，发现部分任课老师对目前能够使用的教材满意度不高，多数老师选择将几本教材结合使用，同时通过案例收集或结合自己的研究成果，整理出符合自己教学计划需要的课程讲义供学生使用[2]；相对而言，蔡雯则从个案研究出发，将"马工程"教材《新闻编辑》的正式出版作为引题，讨论了马克思主义新闻观对于新闻编辑的指导意义[3]。

教材研究服务于教学建设，对教材最好的检验莫过于实战。为提升马克思主义新闻观教材在实际教学过程中的运用效果，丁铂铨强调，要把握好马克思主义新闻观课程体系中的三组关系，通过课程教学建设、数据库建设和研究基地建设提升马克思主义新闻观教材和教学的针对性和有效性[4]；谢兴政指出，"马工程"新闻传播学教材在编写质量和统一使用方面均取得了较好的成效，但也存在着一定的挑战，如思想性和专业性略微失衡、教材覆盖范围不够、编写出版周期较长、教材的整体性及协调性不足、教

[1] 陈锦宣，费再丽.马克思主义新闻观融入新时代新闻传播人才培养体系探析[J].传媒，2021(23)：88—90.

[2] 周茂君，沈君菡.高校马克思主义新闻观教育现状、问题与对策——基于湖北省29所高校新闻专业院系的调查[J].中南民族大学学报(人文社会科学版)，2019,39(5)：167—174.

[3] 蔡雯.马克思主义新闻观对于新闻编辑的指导意义——编写马克思主义理论研究和建设工程教材的一点思考[J].当代传播，2017(5)：10—12.

[4] 丁柏铨.略论马克思主义新闻观课程建设和其他相应建设[J].当代传播，2018(6)：6—8.

材统一使用无法满足学校差异化人才培养[1]。

理论阐释指明了前进方向。回顾马克思主义新闻观教材的发展历程，对照现有成果，以知识社会学等理论武器诠释总结，为革新和优化打好基础。陈信凌和张毓桓介绍了马克思主义新闻观教材的基本类型，讨论了教材编撰的新探索和教学发展的新趋向，将马克思主义新闻观教学的建设过程，总结为与时俱进的、动态的理论工程，即随着传播环境与传播技术的变化，对新闻理论的框架进行相应的调整[2]。周俊运用知识社会学理论研究发现，马克思主义新闻学研究深受政治情境的影响，面向政治现实逻辑的研究容易束缚马克思主义新闻学研究的创新力，而当下多维度和双向度的社会现实逻辑将是我国马克思主义新闻学研究继续发展壮大的重要途径[3]。陈娜则认为，社会主义教材培养社会主义新闻事业的接班人，作为对哲学社会科学具有支撑性作用的学科之一，新闻学在学科体系、学术体系、话语体系的建立形成与创新发展方面还处于亟待提升突破的阶段[4]。

[1] 谢兴政.高校"马工程"新闻传播学教材建设探讨[J].新闻大学,2021(9):28—39+117.

[2] 陈信凌,张毓桓.马克思主义新闻观教材的新探索与新趋向[J].中国大学教学,2016,(12):29—33.

[3] 周俊.马克思主义新闻学研究70年(1949—2019)[J].新闻与传播研究,2019,26(8):5—23+126.

[4] 陈娜.用社会主义教材培养社会主义新闻事业的接班人[J].青年记者,2021(22):17—18.

三、 新闻传播学教材与知识体系研究

不同历史时期的教材塑造的"知识体系"并不相同。陈力丹通过梳理新中国成立以来的新闻学教材发现，新中国成立初期撰写新闻理论教材主要目的在于普及知识，十一届三中全会后，逐渐回归新闻学本位的新闻理论教材结构。他认为，关于新闻理论教材结构的几个问题需要梳理清楚：一是区分"新闻"的理论和"新闻业"的理论；二是厘清传媒的基本职能；三是"新闻价值"应是新闻理论的核心概念；四是科学地论证新闻自由[1]。刘勇则着重描述了改革开放以来我国新闻写作教材的变迁轨迹和基本特质，认为新时期以来新闻写作教材经历了一个从"经验总汇"到"知识地图"的过程，编撰思路从突破"政治经验"到回归"新闻本位"，体例框架从强调个体经验的"讲座式"逐步转向凸显新闻特质的"体系化"，由注重单纯文体技巧转向文体理念与技巧并重[2]。

不同研究传统的教材塑造的"知识体系"并不相同。从新闻传播学科整体体系的视角出发，新闻传播学科体系由教学体系、科研体系和教材体系构成。李明德等认为，建设一批教研结合、案例更新且凸显中国特色的精品教材是完善我国新闻传播学科体

---

[1] 陈力丹 . 回归新闻学本体——改革开放 30 年来我国新闻理论教材结构的变化 [J]. 国际新闻界 ,2008(12):12—17+39.

[2] 刘勇 . 从"经验总汇"到"知识地图"——试论 1978 年以来新闻写作教材的嬗变 [J]. 中国地质大学学报 (社会科学版),2011,11(6):58—62.

系建设的关键一环[1]。通过使用量化研究方法对"影响新闻传播学研究最主要的图书和图书作者"进行比较分析，胡翼青认为，由教材培养出来的传统、保守和常识性的学科知识体系与以文化研究为代表探索性的前沿知识具有一定的冲突[2]。同样，胡翼青和梁鹏运用关键词统计法，对国内13部经典传播学教材进行了分析，发现以大众传播学为核心的当下中国传播学知识体系关键词较少，本学科独有的核心概念较少，主要概念多出现于半个世纪前，且深受美国大众传播学主流范式的影响[3]。

四、 新闻传播学教材建设史研究

目前，学界主要通过专题史或概念史的研究方法对新闻传播学教材建设史展开研究。在专题史方面，刘海贵通过对复旦大学新闻学院院史的研究，发现复旦大学新闻学院的教材建设工作始终独领风骚；因其优良传统和突出建树，教育部于2019年正式批准由复旦大学新闻学院牵头建设高校新闻学国家教材建设重点研究基地[4]。黄旦和肖晶则重点回顾了复旦大学新闻学院在20世纪50年代组织编写的教材，包括中国近代新闻事业史及新闻史资料

[1] 李明德，刘婵君，张立．构建富有特色的新闻传播教学科研体系 [J]．西安交通大学学报（社会科学版），2016，36(5)：116—121．
[2] 胡翼青．中国新闻传播研究主体知识地图——基于 CSSCI 图书引文的分析 [J]．中国出版，2013(19)：46—51．
[3] 胡翼青，梁鹏．图绘中国传播学的知识框架——基于教材关键词的分析 [J]．现代出版，2021(2)：46—51．
[4] 刘海贵．"名记者摇篮"：复旦新闻实务教学实践与特色 [J]．新闻大学，2019(10)：55—60+125．

若干册、新闻学基础知识等[1]。在概念史方面，张学科指出，术语是专业概念的语言表达形式，是建构学科知识体系的基石[2]。在近代新闻学"由术入学"的特殊历史阶段，由于新闻学教材与著述合一的特质以及新闻学专业工具书的缺失，近代新闻学教材成为新闻学术语系统化、经典化的重要学科话语场。近代新闻学教材通过外名转译、旧词新义、创造新语等途径，实现了新闻学术语的生成与凝固。

五、 出版学教材建设研究

出版学科教材革新的建设方向，离不开使用反馈、人才储备和专业实践。有关出版教材的使用反馈，中国编辑杂志社通过开展调查研究，认为国内出版学教材的编辑和引进都需要进一步提升，如本科生与硕士生共同使用一套固定教材、很多课程依靠教师自编讲义授课，内容主要围绕传统纸质出版，缺乏新媒体教材，并且师生对教材的满意度一般[3]。在使用反馈的基础上，还应当从专业实践的角度深入出版学科和出版产业的生产和沟通环节，如范军和曾建辉从出版需求量的角度出发，认为出版评论成为读者、

---

[1] 黄旦，肖晶. 走自己的路：新中国新闻教育改革的"先声"——1956年的复旦大学新闻系 [J]. 新闻大学，2009(3)：14—21.

[2] 张学科. 近代以来新闻学术语的形成与固化——以新闻学相关教材为例的考察 [J]. 新闻大学，2021(9)：16—27+116—117.

[3] 中国编辑学会教育专业委员会（筹），中国编辑杂志社. 开拓资源，创新模式，促进编辑人才培养——编辑出版专业人才培养调查报告 [J]. 中国编辑，2011(3)：67—74.

学者和从业者发表看法、交换意见、交流业务、展示成果和引导工作的重要平台和方式，其作用和影响日渐扩大[1]。这要求出版评论教学进行全面的深刻革新，抓住课程、教材、教法三个主要方面加强教材建设[2]，以培养卓越出版人才。徐丽芳等对出版学学科建设进行了回顾，发现中西方现代出版学几乎同时起步于20世纪下半叶，出版学教材建设工作为出版人才培养提供了基本保障[3]。

六、国际传播教材建设研究

国家教材委员会应高度重视国际新闻传播教材的建设工作，需要组织国际新闻传播院校的教学科研骨干，尽早推出有中国特色、中国气派、中国风格的国际新闻传播教材，回应实践期盼，解决现实问题，为培养"能够讲好中国故事、传播中国声音"的优秀新闻传播后备人才提供助力[4]。

面对国际传播的语境的瞬息万变，张允若指出，新闻从业人员需要加强对外国新闻事业的了解和研究，这要求教材应该解决体例问题，要统合国外新闻实践、空间和媒介的门类[5]。针对国际

[1] 范军，曾建辉.对出版评论教学的若干思考 [J].河南大学学报（社会科学版），2017,57(2):143—147.

[2] 范军，曾建辉.对出版评论教学的若干思考 [J].河南大学学报（社会科学版），2017,57(2):143—147.

[3] 徐丽芳，赵雨婷，田峥峥.出版学学科建设回顾与展望 [J].图书情报知识，2020(5):79—93.

[4] 高金萍.建设中国特色国际新闻传播教育体系 [J].中国高等教育,2021(8):52—54.

[5] 张允若.关于外国新闻事业史教学的几点看法 [J].国际新闻界,2003(6):71—76.

传播现象、概念复杂多变和变化速度快的特点，韩隽通过分析国外新闻传播学教材，发现其显著特点是教材是教师教学科研成果的完整集中的物质体现，案例先于概念，老师先于学生，取长补短有助于形成我们自己的精品教材[1]。在这种情况下，王晓虹从概念演变视角下出发，发现教材部分概念存在过度去场景化的倾向，不利于开展跨文化传播等形式的活动[2]。

此外，国际传播教材的创新归根结底还在于教材使用者的灵活掌握和使用能力。因此，宋丙昌呼吁，全球化传播背景下我国双语传播人才培养必不可少，有必要自主开发双语教材，教材要充分体现理论性、系统性、规范性、针对性和趣味性[3]。相比于双语传播人才，外语传播人才的培养更为专业，也值得高度重视。何天云则建议高校双语教学必须对原版教材进行合理取舍，深入研究国内外同类或相近学科专业的教材使用状况，进行充分的比较分析[4]。

七、新闻传播学教材质量提升研究

新闻传播学教材质量牵动着新闻传播教育的基础命脉，是学科建设的重要支撑。针对如何提升教材质量的这一核心问题，学

[1] 韩隽.国外新闻传播学教材形理解析 [J]. 中国大学教学 ,2007(2):57—59.
[2] 王晓虹.理论实践差距：概念进化视角下的国际传播学教材研究 [J]. 现代出版 ,2022(3):98—112.
[3] 宋丙昌.全球化传播背景下我国双语传播人才培养创新研究 [J]. 新闻知识 ,2013(7):86—87.
[4] 何天云.外语院校新闻专业人才培养模式探析 [J]. 新闻界 ,2006(6):115—116.

界已有诸多沿着本体论、认识论和方法论等开展的学术探讨，还有创新发展教材质量指标评价体系的科学尝试，值得从事新闻传播教育的学术研究人员积极借鉴和深度把握。

纵观新闻传播学科的教材建设情形，刘海贵指出，新闻传播学科教材体系范围与内容的丰富程度显著超越了历史水平，集中代表了我国新时期新闻采访学研究的总体水平，然而也不能忽视专著教材化、教材同质化等拖累教材质量进一步提升的问题[1]。高晓虹和赵希婧则总结了当前新闻传播学科教材体系的三大突出特点：一是基础教材成果丰硕，二是数字教材应运而生，三是案例教材逐渐拓展[2]。

在夯实学科教材体系的基础上，学界重点关注教材在理论深度、数字融合、前沿创新等方面的发展情况。在提升教材理论深度的维度，杨保军和涂凌波强调，理论教材亟须提升其理论性，一是简明、准确地叙述相关理论的渊源、发展历程、理论本身、理论的争论和最新发展，二是适当提供与理论相关的经典案例，三是要有一定的深入阅读和延伸阅读指导[3]。而后，杨保军提出了进一步提升新闻理论理论性的设想，其中包括了强化基础研究，改变新闻有应用无理论的观念，逐步建构新闻理论体系的基

[1] 刘海贵. 论新时期我国新闻采访学研究的四大特点 [J]. 西南民族大学学报（人文社科版），2009,30(6):217—220.
[2] 高晓虹，赵希婧. 守正创新：我国新闻传播教育理念探索与实践转型 [J]. 中国出版，2020(14):3—9.
[3] 杨保军，涂凌波. 超越传统思路提升新闻教材理论性 [J]. 当代传播，2012(3):74—78.

本框架与内容，展开积极的学术对话与理论交流等[1]。在提升教材数字融合能力的维度，王军从数字时代教材编辑的媒介认知出发，认为应当通过智能化科学技术的发展引导教材编辑在全流程、融合化扩展[2]；范雅琳和李剑欣探讨了媒介融合下新闻传播学实验教材的立体化开发方向，建议从教学资源模块化、教学设计系统化、知识系统开放化等逐步入手[3]。邓若伊和江铭宇提出，结合新闻业的快速变革，按照媒体发展基本规律对人才的客观需求来重构教材体系，使之朝着融合式、多样化和个性化的方向转型发展[4]。在聚焦教材关注前沿创新理论的维度，周根红认为，高校教材市场的开放、高校教材自主选择权的加强和教材利润空间的扩大，使得高校教材出现同类教材数量庞杂、学术规范缺失、教材开发力度较弱等问题[5]。因此，应当沿着完善评价机制、加大考核力度、紧跟学科前沿开发特色教材的路径，提高新闻传播学科教材的出版质量。

教材质量的提升也牵动着新闻传播学科内微观层面上各个分支领域的关切，特别是一些远离普遍性新闻教育且具有自身专业

[1] 杨保军. 关于提升新闻理论理论性的几点思考 [J]. 现代传播 (中国传媒大学学报),2014,36(1):28—34.

[2] 王军. 从印刷世界到元宇宙：数字时代教材编辑的媒介认知与教材革命 [J]. 中国编辑 ,2023(5):61—66+71.

[3] 范雅琳，李剑欣. 媒介融合下新闻传播学实验教材的立体化开发 [J]. 中国编辑 ,2018(6):81—85.

[4] 邓若伊，江铭宇. 重构新闻传播学人才媒体融合能力培养体系 [J]. 青年记者 ,2018(33):100—101.

[5] 周根红. 高校教材出版现状与高质量发展路径——以新闻传播学类教材为例 [J]. 中国出版 ,2019(3):18—20.

特点的领域，如成人教育、高职教育、体育新闻等。郭克宏认为，彼时成人教育的教材存在引用事例陈旧、知识链条不完整、理论缺乏时代感、草率叙述导致知识性错误等问题亟待解决[1]。刘建勋重点关注高职新闻传播类专业教材的编写，提出应当注重实践、凸显知识、强化训练、着眼素质[2]，以专业教材内容为基础，提升教材的特色价值。杨江科杰和熊志华则针对当前高职院校新闻采编与制作专业缺乏专业教材的情况，提出应当根据高职学生的学习能力、学习特色和素质水平开展教材编写工作，充分运用新媒体资源，改变当前新闻采编与制作专业教材内容千篇一律的现状[3]。肖焕禹和方立经过调研发现，体育新闻专业教材较为匮乏，这使体育新闻传播教学被迫走上了体育教学与新闻传播教学"两张皮"的道路[4]。肖沛雄和张德胜同样关注到体育新闻专业领域缺乏专业性教材的问题，并创新式地把体育教学活动与讨论编写新教材结合起来，通过指导学生阅读和收集资料，以练代学，积累大量的知识、信息，从而对体育新闻的创新理论与发展态势形成一定的认识[5]，为体育新闻教学和研究工作打下较好的

---

[1] 郭克宏 . 谈成人高等教育教材的质量问题——以全国自考统编教材《新闻采访写作》为例 [J]. 中国出版 , 2007(4):24—26.

[2] 刘建勋 . 注重实践凸显知识强化训练着眼素质——高职新闻传播类专业教材编写中几个问题的探讨 [J]. 新闻知识 , 2009(8):87—88.

[3] 杨江科杰 , 熊志华 . 新媒体时代高职院校专业建设对策研究——以新闻采编与制作专业为例 [J]. 中国职业技术教育 , 2018(14):67—71.

[4] 肖焕禹 , 方立 . 我国体育新闻传播教育的现状、问题及发展方向 [J]. 上海体育学院学报 , 2006(6):64—68+73.

[5] 肖沛雄 , 张德胜 . 体育新闻专业研究生创新能力培养研究 [J]. 广州体育学院学报 , 2006(1):12—15.

基础。

在学界对教材质量广泛关注的基础上，复旦大学高校新闻学国家教材建设重点研究基地着重关注创新发展教材质量指标评价体系的构建。张大伟等依据已有的国内外教材评价相关文献，并参考已有教材评价指标体系的维度设计与标准选择，确定了主体评价的四个层面，设定了内容选取、内容组织、编校质量、配套资源及适切程度等五个指标，初步挖掘和构建了新闻学专业理论型课程教材评价指标体系，力图形成一个凝聚管理部门、专家、一线教师、学生和出版社广泛共识的质量判断标准，以建立新闻学教材科学评价体系[1]。张大伟和王梓针对新闻学专业实践型课程进一步提出构建国内第一个系统完整、层次清晰、学理依据充分的新闻学专业实践型课程教材评价指标体系[2]。张涛甫和张大伟经过研究发现，破解中国新闻学教材建设难题，须从意识形态逻辑、教育逻辑和知识逻辑三者结合的维度，以问题为导向，寻求问题的系统解决和根本解决[3]。

[1] 张大伟，王梓，谢兴政，郭晶，张学科.新闻学专业理论型课程教材评价指标研究[J].新闻大学,2020(12):105—117+122—123.
[2] 张大伟，王梓.新闻学专业实践型课程教材评价指标体系创新研究[J].新闻大学,2021(9):1—15+116.
[3] 张涛甫，张大伟.脱嵌与回归：新闻学教材建设的意识形态考量[J].现代出版,2021(4):9—14.

第三节　未来方向

当下中国遭遇百年未有之大变局，社会转型面临以互联网、移动技术为代表的新传播革命，传播被置于人类生活的中心，新闻传播知识体系、学科走向和教育发展正处于挑战与机遇并存的关键节点。如何通过理论研究，为新闻传播学科可持续发展提供理论支撑，为党和国家新闻舆论工作和传媒产业发展持续输送卓越人才，是我国新闻传播学领域面临的重大课题。这需要通过新闻传播学科史、教材史、教育史及教材评价研究，将经验材料上升为规律性认识，切实推动课程体系和教材体系改革，进而反哺学科创新发展。

一是中国新闻传播学科体系的历史演进、生态系统与治理逻辑研究。学界需要从长时段历史维度，勾勒一百多年来中国新闻传播学科形成与发展的具体面向，梳理历史环境、社会力量及文化思潮在中国新闻传播学科建构中所发挥的作用。无论是将学科作为知识体系，还是作为学术制度，都可将其置于生态学理论的观照之下。因此，还需洞察当前中国特色新闻传播学科体系建构的"生态系统"，分析其具体组成、核心特质及在不同层面展现出的差异性结构特征。同时，尝试提出新闻传播学科体系可持续发展的"治理逻辑"，以期促进学科生态系统与社会环境系统动态平衡，以及学科系统内各要素和谐、有序地生长发育。

　　探究中国新闻传播学科发展的历史脉络，管窥技术变革、时代思潮、社会力量、大学管理制度等对新闻传播学科发展的结构性影响，可以深化新闻教育界对学科性质、历史定位及社会文化价值作用模式的认知。创新性开展新闻传播学科"生态系统"与"治理逻辑"研究，有助于推动新闻教育资源合理配置和大学新闻系科的组织管理，盘活现有办学资源，提升其运行效率和主体能动性，因应融媒时代新闻传播教育愈加严峻的主体性危机。

　　二是中国新闻传播学教材史、教材评价理论与专业课程体系研究。广义层面的新闻学教材，是伴随中国新闻教育的出现而出现的，但目前学界对这部跨越百年的中国新闻学教材建设与发展史，仍缺乏系统的、实证的研究。就当下中国新闻教育的实际情形而言，新闻传播学专业并非缺少教材，而是缺少精品教材。有鉴于此，学界需要在前期研究基础上，持续深化新闻传播学教材评价理论研究，借助科学的研究方法，明确教材评价的多元主体、具体指标及相应权重，构建学界和业界具有普遍共识且符合新闻传播学科属性的教材评价体系。与教材建设和教材评价研究密切关联的，是新闻传播学课程体系研究，这也需要学界奋力开拓。

　　系统梳理中国新闻传播学教材建设史，把握教材建设的内在规律及政策对教材建设的影响方式及效果，有助于探索新闻传播学科和教材的发展趋势，形成具有原创性的知识和理论体系，推出中国新闻传播学精品教材。构建新闻传播学教材评价理论体系，可确保新闻传播学教材评价工作的科学有效，以评促建，为中国新闻传播学教材体系建设提供评价支撑。这是当前新闻传播学教材建设的重要任务和目标之一，也是落实《深化新时代教育评价改革总体方案》的题中之义。深入开展新闻学课程体系与课程教学研究，有助于推动各新闻传播院系以一流课程建设为抓手，通过多种举措打造一流课程，不断促进一流专业建设，着力提高人才培养质量。

三是全球新闻传播教育发展趋势与中西新闻传播教育比较研究。全球新闻传播教育目前处于怎样的发展趋势中，对中国新闻传播教育有何影响及借鉴意义？媒体环境变化导致全球新闻界的普遍焦虑，看似迅猛发展的新闻传播教育存在"知识转型"和"供需错配"的挑战。中国新闻传播教育应该如何发展？西方新闻传播学的研究方法和思维方式，在中国新闻传播学形成和发展过程中发挥着何种作用？中国本土语境与现代化实践进程为中国特色新闻传播学提供了何种独特的时代气质与本土问题，又孕育着怎样的独特理论与研究方法？这需要学界在系统考察全球新闻传播教育新发展、新趋势的基础上，对中西方新闻传播教育理念、专业设置、课程体系、教材体系、师资队伍及就业情况等方面进行比较分析，梳理中西新闻传播教育发展历史、当下现状和"知识转型"与"社会需求变革"下的发展趋势。考虑到中国新闻传播教育和新闻传播学科发展离不开与全球的互动和对话，笔者未来也将对相关问题予以关注和深入研究，发现问题、剖析原因、寻找对策。在建设好中国特色新闻传播学科体系的同时，向全世界讲好融合媒体时代新闻传播教育的"中国故事"。

为培育"理想人才"，中国新闻传播教育已经因应时代，主动求变。西方新闻传播教育的变革理念、思路和实践，对中国新闻传播教育具有重要的借鉴意义。开展全球新闻传播教育发展趋势与中西方新闻传播教育比较研究，可进一步促进中国新闻教育与全球新闻教育的融合发展和差异化发展，探索出一条符合中国国情、具有中国特色、培养卓越新闻传播人才的中国新闻传播学教育道路。开展中西方新闻教育互动与对话机制研究，则有助于提升中国新闻教育国际化水平。

第四节　本章小结

本章主要梳理了我国新闻传播学教材研究的基本情况，发现这一领域的研究未受到学界的普遍关注，新闻传播学头部院校投入较多。以往的学者主要围绕新闻传播学教材建设的困境、马克思主义新闻观教材建设、新闻传播学教材与知识体系、新闻传播学教材建设史、编辑出版学教材建设、国际传播教材建设和新闻传播学教材质量提升等七个议题展开讨论。同时，笔者根据相关议题的重要程度，提出了三个新闻传播教材研究需要重点关注的方向，以期为后续的研究提供思路。

附5-1　新闻传播学研究相关文献列表（按时间顺序排列）

[1]　王子健.中国传播学教材建设情况考察（1988—2022年）[J].青年记者,2023(21)：98—101.

[2]　周云倩,赵赟.新闻传播学教材的现实困囿与提升路径——基于精品教材的分析[J].青年记者,2023(12)：116—118.

[3]　王军.从印刷世界到元宇宙：数字时代教材编辑的媒介认知与教材革命[J].中国编辑,2023(5)：61—66+71.

[4]　王晓虹.理论实践差距：概念进化视角下的国际传播学教材研究[J].现代出版,2022(3)：98—112.

[5]　董天策,何家煊,周润哲.近十年国内媒介批评论著的学理透视[J].新闻春秋,2022(2)：46—54.

[6]　陈锦宣,费再丽.马克思主义新闻观融入新时代新闻传播人才培养体系探析[J].传媒,2021(23)：88—90.

[7]　陈娜.用社会主义教材培养社会主义新闻事业的接班人[J].青年记者,2021(22)：17—18.

[8]　张昆.新闻传播学科建设要回归教育本身——对五轮全国一级学科评估的思考[J].出版广角,2021(17)：28—32.

[9]　张大伟,王梓.新闻学专业实践型课程教材评价指标体系创新研究[J].新闻大学,2021(9)：1—15+116.

[10]　张学科.近代以来新闻学术语的形成与固化——以新闻学相关教材为例的考察[J].新闻大学,2021(9)：16—27+116—117.

[11]　谢兴政.高校"马工程"新闻传播学教材建设探讨[J].新闻大学,2021(9)：28—39+117.

[12]　户松芳.新闻传播类本科教材的困境及建设性路径[J].青年记者,2021(16)：98—99.

[13]　张涛甫,张大伟.脱嵌与回归：新闻学教材建设的意识形态考量[J].现代出版,2021(4)：9—14.

[14]　郑保卫,王青.论中国共产党新闻思想百年发展的历史贡献[J].青年记者,2021(13)：23—33.

[15]　高金萍.建设中国特色国际新闻传播教育体系[J].中国高等教

育,2021(8):52—54.

[16] 胡翼青,梁鹏.图绘中国传播学的知识框架——基于教材关键词的分析[J].现代出版,2021(2):46—51.

[17] 周岩.从40年教材出版看中国传播学知识地图衍变——基于文献计量的视角[J].传媒观察,2021(3):78—88.

[18] 张大伟,王梓,谢兴政,郭晶,张学科.新闻学专业理论型课程教材评价指标研究[J].新闻大学,2020(12):105—117+122—123.

[19] 徐丽芳,赵雨婷,田峥峥.出版学学科建设回顾与展望[J].图书情报知识,2020(5):79—93.

[20] 李兴博.新中国新闻传播教育的历史图景及其成就[J].福建师范大学学报(哲学社会科学版),2020(4):86—94+116+171—172.

[21] 高晓虹,赵希婧.守正创新:我国新闻传播教育理念探索与实践转型[J].中国出版,2020(14):3—9.

[22] 王春泉,李晓洁.延安时期根据地摄影教育的实践信念及其智慧——以摄影训练班为例[J].陕西师范大学学报(哲学社会科学版),2020,49(2):149—167.

[23] 刘海贵."名记者摇篮":复旦新闻实务教学实践与特色[J].新闻大学,2019(10):55—60+125.

[24] 王龙珺.民国编辑学的缘起、内容和历史价值[J].编辑之友,2019(10):87—92.

[25] 周茂君,沈君菡.高校马克思主义新闻观教育现状、问题与对策——基于湖北省29所高校新闻专业院系的调查[J].中南民族大学学报(人文社会科学版),2019,39(5):167—174.

[26] 周俊.马克思主义新闻学研究70年(1949—2019)[J].新闻与传播研究,2019,26(8):5—23+126.

[27] 郑振锋,张聪.中国新闻史教材现存问题与建议探析[J].出版广角,2019(14):77—79.

[28] 胡凤.抗战时期中国共产党新闻人才培养:以"青记"为中心的考察[J].现代传播(中国传媒大学学报),2019,41(8):163—168.

[29] 肖燕雄,邹旖佳.论近代中国新闻学讲义的学术经典化[J].现代出

版,2019(4)：22—27.

[30] 周根红.高校教材出版现状与高质量发展路径——以新闻传播学类教材为例[J].中国出版,2019(3)：18—20.

[31] 张昆.高校新闻专业教材建设的误区[J].新闻与写作,2019(2)：64—69.

[32] 邓若伊,江铭宇.重构新闻传播学人才媒体融合能力培养体系[J].青年记者,2018(33)：100—101.

[33] 丁柏铨.略论马克思主义新闻观课程建设和其他相应建设[J].当代传播,2018(6)：6—8.

[34] 樊亚平.教好马新观,"功夫在诗外"——"马克思主义新闻理论"教学的目标、原则与方法[J].新闻与写作,2018(8)：14—17.

[35] 姚琦.新媒体语境下新闻理论教学的问题与方法探索[J].传媒,2018(14)：81—83.

[36] 董小玉,姚金秋.新时代新闻学教材建设论纲[J].中国出版,2018(14)：11—15.

[37] 范雅琳,李剑欣.媒介融合下新闻传播学实验教材的立体化开发[J].中国编辑,2018(6)：81—85.

[38] 杨江科杰,熊志华.新媒体时代高职院校专业建设对策研究——以新闻采编与制作专业为例[J].中国职业技术教育,2018(14)：67—71.

[39] 李思乐.传播学在中国的"理论旅行"(1978—2008)——基于传播学学术翻译出版史的考察[J].出版广角,2017(22)：80—82.

[40] 蔡雯.马克思主义新闻观对于新闻编辑的指导意义——编写马克思主义理论研究和建设工程教材的一点思考[J].当代传播,2017(5)：10—12.

[41] 范军,曾建辉.对出版评论教学的若干思考[J].河南大学学报(社会科学版),2017,57(2)：143—147.

[42] 刘卫东.以科学的马克思主义新闻思想为统领完善中国特色新闻教育体系[J].中国大学教学,2016(12)：19—24.

[43] 陈信凌,张毓桓.马克思主义新闻观教材的新探索与新趋向[J].中国大学教学,2016(12)：29—33.

[44] 李明德,刘婵君,张立.构建富有特色的新闻传播教学科研体系[J].西安交通大学学报(社会科学版),2016,36(5):116—121.

[45] 王宇.学科交融·体系构建·师资调整——对香港新闻传播学科发展的观察[J].新闻爱好者,2016(2):46—50.

[46] 杨保军.关于新闻理论创新的几个问题[J].新闻记者,2015(12):20—28.

[47] 王建平.我国编辑出版学教育30年研究[J].河南大学学报(社会科学版),2015,55(6):139—149.

[48] 袁慧侠.体育新闻专业人才培养模式探讨[J].青年记者,2014(11):98—99.

[49] 杨保军.关于提升新闻理论理论性的几点思考[J].现代传播(中国传媒大学学报),2014,36(1):28—34.

[50] 庄曦.高校新闻专业双语教学创新研究[J].青年记者,2013(30):96—97.

[51] 王达.《中国新闻传播史》教材分期问题浅析[J].青年记者,2013(29):99—100.

[52] 胡翼青.中国新闻传播研究主体知识地图——基于CSSCI图书引文的分析[J].中国出版,2013(19):46—51.

[53] 宋丙昌.全球化传播背景下我国双语传播人才培养创新研究[J].新闻知识,2013(7):86—87.

[54] 吕炜.项目化教学在高职《广播播音与主持》课程中的应用研究[J].新闻知识,2013(5):81—82+97.

[55] 王秀娟,程莉娜.关于创新《旅游新闻学》课程教学的思考[J].新闻知识,2012(7):97—98.

[56] 杨保军,涂凌波.超越传统思路提升新闻教材理论性[J].当代传播,2012(3):74—78.

[57] 郝勤,郭晴,周雪蕾,魏伟.中国体育新闻传播学发展报告(2008—2011)[J].成都体育学院学报,2012,38(3):1—6.

[58] 杨庆国,陈敬良,詹向红.新办新闻学专业实践教学评价指标体系研究[J].现代教育技术,2012,22(2):117—120.

[59] 刘勇.从"经验总汇"到"知识地图"——试论1978年以来新闻写作教材的嬗变[J].中国地质大学学报(社会科学版),2011,11(6):58—62.

[60] 丁淦林.上讲台与编教材[J].新闻记者,2011(11):72—74.

[61] 王大中,王鸣捷,张雯.探索我国体育新闻传播教育发展的新路径[J].现代传播(中国传媒大学学报),2011(6):124—126.

[62] 开拓资源,创新模式,促进编辑人才培养——编辑出版专业人才培养调查报告[J].中国编辑,2011(3):67—74.

[63] 周怡,邢仔芹.我国新闻评论学著作(教材)出版的历史回顾[J].编辑之友,2011(1):61—64.

[64] 李芳,刘红霞,高萍.全媒体时代体育院校新闻专业人才培养模式创新研究[J].沈阳体育学院学报,2010,29(6):33—36.

[65] 李泮池."西方媒体跟踪"课程建设与教学[J].国际关系学院学报,2010(4):85—89.

[66] 金月.新闻学专业英语教学改革探析[J].黑龙江高教研究,2010(7):195—196.

[67] 于晓光.体育新闻专业发展建设研究[J].沈阳体育学院学报,2010,29(2):43—46.

[68] 郑保卫.论媒介教育大众化的理论内涵与实践路径[J].新闻界,2010(1):3—5.

[69] 李建伟.多媒体时代编辑学高等教育的盘点及发展对策[J].中国出版,2010(1):55—58.

[70] 黄旦,肖晶.走自己的路:新中国新闻教育改革的"先声"——1956年的复旦大学新闻系[J].新闻大学,2009(3):14—21.

[71] 刘建勋.注重实践凸显知识强化训练着眼素质——高职新闻传播类专业教材编写中几个问题的探讨[J].新闻知识,2009(8):87—88.

[72] 刘海贵.论新时期我国新闻采访学研究的四大特点[J].西南民族大学学报(人文社科版),2009,30(6):217—220.

[73] 陈力丹.回归新闻学本体——改革开放30年来我国新闻理论教材结构的变化[J].国际新闻界,2008(12):12—17+39.

[74] 陈兮.关于新闻学教材内容重复问题的思考[J].新闻界,2008(4):

181—182.

[75] 甘险峰.高校新闻专业创新性探索[J].中国大学教学,2008(6):38—39+48.

[76] 郑岩.拓展教材内容培养职业素质——新闻传播史教学浅议[J].新闻界,2008(2):148—149.

[77] 曹鹏.正视新闻教育的繁荣与危机[J].新闻记者,2007(11):61—63.

[78] 刘海贵.美国新闻传播教育特色及其给予我们的启示[J].西南民族大学学报(人文社科版),2007(9):50—52.

[79] 孙文科.五年磨一剑,任重而道远——出版职业资格考试教材编写修订工作回顾[J].科技与出版,2007(7):3—5.

[80] 张天定.编辑出版学教材建设刍议[J].河南大学学报(社会科学版),2007(3):184—188.

[81] 郭克宏.谈成人高等教育教材的质量问题——以全国自考统编教材《新闻采访写作》为例[J].中国出版,2007(4):24—26.

[82] 韩隽.国外新闻传播学教材形理解析[J].中国大学教学,2007(2):57—59.

[83] 王醒.新闻教学改革的理论思考与实践探索[J].教育理论与实践,2007(4):50—52.

[84] 曾晓渊.新闻学名存实亡——从李良荣《新闻学概论》(二版)看新闻学研究的核心缺失[J].中国图书评论,2007(2):40—43.

[85] 何天云.外语院校新闻专业人才培养模式探析[J].新闻界,2006(6):115—116.

[86] 刘海贵.传播学教育在中国[J].西南民族大学学报(人文社科版),2006(12):174—178.

[87] 肖焕禹,方立.我国体育新闻传播教育的现状、问题及发展方向[J].上海体育学院学报,2006(6):64—68+73.

[88] 杨丽.关于本科新闻史教材的几点思考[J].新闻界,2006(4):122—123.

[89] 刘海龙.被经验的中介和被中介的经验——从传播理论教材的译介看传播学在中国[J].国际新闻界,2006(5):5—11.

[90] 肖沛雄 , 张德胜.体育新闻专业研究生创新能力培养研究[J].广州体育学院学报 ,2006(1)：12—15.

[91] 骆正林.新闻传播教育面临的难点[J].当代传播 ,2006(1)：73—74.

[92] 肖东发 , 杨琳.抓住历史机遇促进编辑学的建设和发展[J].中国出版 ,2005(12)：34—36.

[93] 宋木文.我国高校编辑出版学专业发展历程和加强建设的意见[J].出版发行研究 ,2005(11)：24—32.

[94] 陈力丹.改进高校新闻传播学教材的生产体制[J].传媒观察 ,2005(8)：37—38.

[95] 陈飞.从《美国新闻摄影教程》的引进看新闻摄影教材的编写[J].国际新闻界 ,2004(5)：58—60.

[96] 丁淦林.中国新闻史教学需要适时革新[J].新闻大学 ,2004(3)：35—39.

[97] 张允若.关于外国新闻事业史教学的几点看法[J].国际新闻界 ,2003(6)：71—76.

[98] 肖东发 , 许欢.我国编辑出版学教育的回顾与展望[J].河北大学学报(哲学社会科学版) ,2003(1)：102—107.

[99] 谢毅.新闻传播学科双语教学方法探析[J].现代传播 ,2002(6)：109—110.

[100] 刘正文.同中有异 , 求同存异——编写新型新闻听力和报刊阅读系列教材的设想[J].暨南学报(哲学社会科学) ,1999(S1)：148.

[101] 张崇富.问题与对策 ——报刊课之我见[J].汉语学习 ,1999(4)：51—53.

[102] 陈天庆.新闻教育如何面向新世纪[J].新闻大学 ,1998(2)：91.

[103] 程天敏.新鲜活泼的新闻学教材[J].中国记者 ,1997(2)：17—18.

[104] 赵守辉.汉语报刊课教材编写的思考[J].中国人民大学学报 ,1993(4)：101—104.

第六章

新闻传播学教材建设三重挑战：
价值导向、中国实践与媒介技术

学科教材体系是建构学科理论体系和话语体系的基石，是指引学生认识相关领域、确立价值导向和职业判断的"知识地图"。教材体系、学科体系和话语体系是三位一体的，教材体系不仅关涉如何培养人、培养什么样的人的问题，同时是话语体系的最直接、最集中的体现。新时代以来，党和国家领导人十分重视教材建设，认为教材是"国家事权"，强调学科体系建设上不去，教材体系就上不去；相反，教材体系上不去，学科体系就没有后劲。

目前，我国新闻实践处于动态发展中，世界格局加速演变、西方新闻理论泛滥、媒介技术迭代发展是当前我国新闻业态和学界面临的主要挑战。同时，新闻学教材的数量不断攀升，质量却无法满足新闻教育的需求，阻碍了新闻舆论人才的培养。与此同时，新闻学教材存在"国外新闻传播理论讲述多，国内新闻传播理论理少；自由主义新闻理论阐释多，马克思主义新闻理论讲述少"的现状[1]。种种迹象表明了中国特色新闻学教材构建的紧迫

---

[1] 董小玉，姚金秋．新时代新闻学教材建设论纲 [J]．中国出版，2018(14)：11—15．

性，原有新闻学教材的内容亟须调整，新闻学教材的建设亟待置于价值导向、中国实践和媒介技术的视域下进行考量。唯有如此，才能建设具有中国特色的新闻学教材，更好地服务于中国新闻教育，培养合格的新闻舆论人才。

第一节　应对世界格局加速演变趋势，
强化新闻学教材的价值引领

2018年，教育部、中共中央宣传部发布的《关于提高高校新闻传播人才培养能力实施卓越新闻传播人才教育培养计划2.0的意见》，提出我国新闻传播教育的根本任务是"培养造就一大批具有家国情怀、国际视野的高素质全媒化复合型专家型新闻传播后备人才"[1]。这一根本任务一方面指明了党和国家"为谁培养人"的方向，另一方面阐述了"培养什么人"的目标。在党的十九大报告中，习近平总书记强调牢牢掌握意识形态工作领导权，意识形态决定文化前进方向和发展道路。由此可见，要成为一名合格的新闻传播舆论人才，可靠的政治信仰和扎实的文化素养是前提要素。

在思想引导层面，新闻教育应该坚持马克思主义新闻观的指

---

[1] 教育部.关于提高高校新闻传播人才培养能力实施卓越新闻传播人才教育培养计划2.0的意见[EB/OL].[2024-04-15].http://www.moe.gov.cn/srcsite/A08/s7056/ 201810/t20181017_351893.html.

导作用。马克思主义新闻观是以辩证唯物主义和历史唯物主义为哲学基础，从革命、建设和改革时期的新闻实践中总结而来的对新闻传播现象的总体看法，凸显了新闻的本质、本源和规律[1]。马克思主义新闻观是"马克思主义立场、观点、方法在新闻舆论工作的重要体现"[2]，它的创新发展与马克思主义中国化的历史是同步的，是中国共产党人在新闻传播领域不断开拓的成果[3]。新闻舆论工作关乎治国理政、定国安邦，是立足国家战略，推动社会发展的重要力量。只有坚持正确的政治方向、舆论导向、新闻志向和工作取向，才是合格的新闻传播队伍。十八大以来，习近平总书记在不同场合发表的关于新闻舆论工作的职责使命、工作方针和方法手段等一系列讲话，是新时代马克思主义新闻观的新发展。当前，世界格局加速演变的特征更趋明显，意识形态领域的斗争更加激烈，新闻教育需要以马克思主义新闻观和习近平关于新闻舆论工作的重要论述为出发点和落脚点，培养政治可靠的新闻传播人才，才能更好地服务于党和国家的政策传播和舆论引导[22]，帮助国内外民众更加深刻地认识到中国共产党如何为中国人民的幸福生活而谋奋斗，进而了解中国共产党为什么能、马克思主义为什么行、中国特色社会主义为什么好。

---

[1] 柴璐 . 马克思主义新闻观，谈的是什么? [N]. 人民日报 ,2014-03-10(17).

[2] 中共中央宣传部编 . 习近平新时代中国特色社会主义思想三十讲 [M]. 北京 : 学习出版社 ,2018.

[3] 邓绍根，丁丽琼 . 中国共产党百年进程中马克思主义新闻观的创新发展 [J]. 新闻大学 ,2021(6):48—70+123.

在文化素养培育方面，深化对学生的中华传统文化滋养应该始终贯穿在新闻人才培养过程，是助力其文化素养提升的重要路径。习近平总书记对新形势下宣传思想工作提出了"举旗帜、聚民心、育新人、兴文化、展形象"的要求。实现中华民族伟大复兴需要充分发挥中华优秀传统文化的积极作用，主动学习和传播中华传统文化是中国新闻传播人才的神圣使命。新闻从业者只有深入了解中华传统文化、培养文化自信，才能讲好中国故事、传播好中国声音，进而推进中国故事和中国声音的全球化表达、区域化表达、分众化表达，增强国际传播的亲和力和实效性。新闻传播工作者只有打好中国传统文化底色，才能发挥凝聚人心、振奋人心的重要作用[26]，有效维护国家文化安全，不断提升国家文化软实力，创造风清气正的新闻舆论氛围。

教材作为课堂教学的基本物质载体，既能够传输新闻专业知识，也能够引导思想方向和培育文化素养[1]。十八大以来，马克思主义新闻观教材建设进入新阶段，全国知名的传播院校集体攻关，撰述了大量马克思主义新闻观教材，有十余种被高校广泛使用。在这些教材中，有的以传播马克思主义新闻观基本理论为主，如童兵教授的《马克思主义新闻观读本》、陈力丹教授的《马克思主义新闻观教程》；有的通过案例分析的形式，启发学生对马克思主义新闻观的实践进行思考，如高晓虹教授的《实践中的马克思主

---

[1] 程良宏，黄晓茜.统编教材的载体属性及其学校化实施 [J].课程・教材・教法，2020,40(11):28—35.

义新闻观——新闻报道经典案例评析》。总体而言，马克思主义新闻观教材的理论性、实践性特色鲜明，符合党对新闻教学工作的要求。但是，当前新闻学教材中存在概念化理解马克思主义新闻观的偏向，存在"两张皮"的问题，不利于学生把握马克思主义新闻观的本质，不符合习近平总书记所倡导的"真学真懂真信真用"马克思主义。因此，要将马克思主义新闻观融化、渗透在新闻教材建设中，尊重新闻传播的客观规律，启发学生的主观能动性，教导学生坚持党性原则[1]，确保依托于它所培养的人是符合党和国家要求的、具有坚定政治信念和正确政治观念的新闻舆论合格人才。

同样，教材是"从浩如烟海的文化中提取出的人类生产生活中必备的文化基础，是培养学生的关键能力和核心素养所必需的文化经验"[1]，由此可见，教材具有"文化育人"的功能，是传承中华文化的关键载体。有学者直呼，"中华优秀传统文化的价值得到越来越深刻的认同，探索对其进行创造性转化和创新性发展正成为这个时代具有代表性意义的文化现象和文化使命"，这也折射出人们对教材是优秀传统文化的物质载体的价值判断。当前的新闻学教材存在"重专业知识传输，轻文化传统传承"的建设误区，容易造成培养的新闻学子呈现"空心化"状况，尤其是面对外来文化的入侵，无法坚定文化自信，不利于他们坚守理想信念，向

---

[1] 王攀峰，宋雅琴. 论教科书的内涵与属性 [J]. 当代教育科学，2018(1):7—12.

世界宣传中国主张、中国智慧、中国方案。据此，新闻学教材建设应该重视传播中华传统文化，以文载道、以文传声、以文化人，将民族精神、社会意识、道德观和价值观等融入新闻学教材，加强整合文化观念，助力新闻学子"提升文学素养、培育人文底蕴、磨炼品质脾性"[26]，以保证依托于它所培养的人是能够坚守社会主义核心价值观的新闻舆论合格人才。

第二节　打破对西方新闻理论的"迷思"，构建中国特色新闻理论

中国新闻教育发端于西学东渐，至今仍存留深刻的西方印迹。近代以来，西方贸易和基督教文明进入中国，也带来了西方新闻理念与实践，中国新闻事业肇始[1]。尽管国人孜孜以求于新闻学研究和新闻学教育实践的本土改良，如黄天鹏、郭步陶、刘豁轩等学人都从理论、教育实践等层面探索过这一问题，但一因新闻教育发展尚处起步阶段，二因社会动荡环境下新闻办学条件欠缺，舶来之新闻学与本土语境适用之间长期存在紧张关系，中国特色新闻理论缺乏生长土壤。

新中国成立后，在党的领导下，新闻学界、业界积极探索新闻理论本土化，但因百年来西方话语霸权的统治地位，西方新闻

---

[1] 王润泽，谭泽明．沟通：百年中国新闻实践的核心理念 [N]．中国社会科学报，2018-10-12(4)．

话语依然在我国新闻教育中发挥重要作用，中国新闻学话语虽逐步形成，但中国特色未能彰显[5]。改革开放后，伴随中国积极融入世界体系，西方新闻思想对我国新闻理论和新闻实践的影响依旧显著，西化倾向依然存在于我国新闻教育的理论体系中[1]。大量西方新闻理论未经历史语境的辩证剖析就被直接呈现于新闻学教材，直接影响我国新闻传播人才的培养。

事实上，中国新闻学与西方新闻学存在着本质不同。西方新闻学强调新闻专业主义，专注于以教条式说教的方式进行信息传递。在西方，国家政权服从于资本家，社会和国家是两个相互对立的概念，西方新闻理论便是基于此种特殊的社会语境产生与发展的[1]。我国国情同西方国家有根本差异。在我国，厚重的中华文化传统与丰富的中国新闻实践是中国新闻学理论创新取之不竭的源泉，是中国特色新闻理论生成的肥沃土壤。新中国成立以来，中国新闻学并没有不加批判地借鉴以"新闻专业主义""新闻自由"等理论为核心的西方新闻话语，而是以中国新闻实践为研究对象，关注建制性的新闻事业活动[1]，始终坚持党性原则、坚持新闻"喉舌"论、坚持新闻真实性、坚持正确舆论导向，凸显鲜明的中国特色。当前，中国特色新闻理论以马克思主义新闻观为理论指引。在马克思主义新闻观指导下，中国新闻业蓬勃发展，建立了一支政治可靠、业务能力精湛、作风优良的新闻工作者队伍，

---

[1] 杨保军.理论视野中当代中国新闻学的重大问题[J].国际新闻界,2020,42(10):18—30.

产生了一系列经典的中国新闻实践案例，为总结和提炼具有中国特色的新闻学理论奠定了基础。

党的十八大以来，习近平总书记从新时代新闻舆论工作建设需求出发，提出了一系列富有创新性的重要思想、重要观点、重要论断，这些马克思主义新闻观的最新理论成果，为创新中国特色新闻理论提供了根本遵循。习总书记强调了建立具有中国特色的新闻学的迫切性，并指出新时代党的新闻舆论工作的职责和使命是"高举旗帜、引领导向，围绕中心、服务大局，团结人民、鼓舞士气，成风化人、凝心聚力，澄清谬误、明辨是非，联结中外、沟通世界"。习总书记的重要讲话是新时代构建中国特色新闻理论的重要遵循，指导中国新闻实践，加快构建中国特色、中国风格、中国气派的新闻理论。此外，习近平总书记亦强调"打造具有中国特色和普遍意义的学科体系"，既表明了文化自觉与政治自觉，又折射出新时代对中国特色理论体系的召唤。"中国作为历史悠久、结构复杂、世界最大的发展中国家，它所面临的问题无不有着自身的特殊性，而不可能与其他国家，尤其是西方国家同步同样"[1]。中国的新闻学应该具有典型的中国特征、明确的中国立场，应该坚持"二为"：为社会主义服务和为人民服务[2]。这样才能凸显我国新闻学的"中国"本色。

---

[1] 张桂林.中国政治学走向世界一流的若干思考 [J]. 政治学研究 ,2018(4):2—12+125.

[2] 杨保军，李泓江.新闻理论研究的当代中国特征 [J]. 新闻界 ,2018(2):23—39+46.

不可否认的是，相较于西方的新闻事业的发展，我国的新闻事业起步较晚，在很长时间内我们处于新闻理论建构"后发者"的角色[6]。信息技术产业发展推动了传播技术变革，改变了受众信息的接收方式，也颠覆了传统媒体时代所构建的新闻传播规律，使得全球所有国家在把握新媒体时代的新闻传播规律、构建新的新闻传播理论中处于同一起跑线。值得指出的是，我国互联网发展处于新媒体发展的前沿，在带来认识新的新闻传播规律的压力的同时，也提供了中国特色新闻学构建的历史性机遇。需要强调的是，中国化不是"国别化""地域化"，而是文化基因、民族特性的体现，需要打破西方贡献代表世界贡献的迷思[1]。教材编写者既要避免成为西方新闻理论知识的"搬运工""翻译者"，也要将马克思主义新闻观的经典理论运用到新闻理论阐释和新闻实践案例分析的全过程，立足中国现实，建构中国新闻话语体系，加强全球新闻学界与业界的学术对话，解决学术共识问题，落实新闻理论与中国实践的结合，回应学术旨归的问题，以丰富中国特色新闻理论[12]。一言以蔽之，我们应该加快构建中国新闻话语体系，深刻把握中国新闻理论和中国新闻实践的互动关系，用理论阐释实践，以实践升华理论，尝试打破"东学西渐"和"西学东渐"的二元区分[21]，打造融通中外的新闻学理论，展现中国新闻实践及其背后的思想力量和精神力量。

---

[1] 刘洁，高坤.超越空间：再论中国新闻学的本土化问题[J].现代传播（中国传媒大学学报），2021,43(3):48—53.

教材应该充分反映本土理论与实践特色，这是当前我国教材建设的重要遵循。落实到新闻学学科，就是需要中国新闻学教材既能够批判、吸收西方经典新闻理论，也能基于中国新闻实践构建中国新闻理论。这就要求新闻学教材的编写者结合中国实际、立足中国国情，将经典理论中国化，并逐步发展出具有中国特色的新闻理论，这样才能确保新闻教材尽其所用，使学生学以致用[1]，以培养具有中国底色的新闻业者。

第三节　紧扣媒介技术迭代发展，
重构新闻学知识体系

移动互联网、大数据、物联网、虚拟现实、算法推荐、人工智能、5G及区块链等新媒体技术的出现，推动了新一轮传媒业生态的变革。其一，传播主体转移。传统媒体时代，专业新闻媒体机构和从业者掌握着内容生产的权力和资源；进入以社交媒体为代表的新媒介时代，个体的观点表达权利和渠道被彻底释放，打破了原本固化的传播秩序，"人人都有麦克风"的时代已然来临[2]。其二，传播时效加快。大众传播时代，报纸、广播及电视等"重量级"媒体占据了主导地位，传播的时间障碍较为明显，传播

[1] 高晓虹，赵希婧.马克思主义新闻观与新时期新闻传播高等教育 [J]. 中国大学教学，2016(12):11—14+90.
[2] 常江.聚合新闻：新闻聚合服务对新闻编辑行业的影响 [J]. 编辑之友，2018(2):80—86.

效能较低[1]。信息技术的发展使得"轻量级"的互联网媒介成为信息传播的首选渠道，信息传播的时速明显提升；同时，互联网的出现也为传播主体的双向沟通创造了条件，即时性的沟通成为可能；这些既提升了传播效能，也降低了传播成本[2]。其三，传播终端更迭。新媒体的发展带动了技术与个体日常生活的互嵌，以物联网为基础的智能家居、以增强虚拟现实为基础的可穿戴设备等新型传播终端的出现，为人们的信息消费带来了全新的模式[3]。

在新媒体时代，新闻业的实践逻辑被彻底改写，新闻业的发展与数字媒介技术呈现出相互嵌套的态势[5]。随着数字媒体技术的应用和普及，新闻传播现象发生了重大变化，传播主体分散且自由，传播速度即时且快捷，传播内容自发且难控[4]，使得公众获取信息的难度逐步降低，这也产生了新闻生产和发布的权力从专业的新闻生产机构转移到普通民众手中的局面。换言之，在传媒生态颠覆式发展的背景下，传统的新闻媒体为顺应新闻生态系统的发展，改变了原有新闻采集、生成、分发的模式和逻辑[2]。传统的新闻业态强调的是以内容采集为核心，形成一条较为严密的新闻行业流程；新的行动者伴随着新技术进入新闻业，逐步形成

---

[1] [加] 哈罗德·伊尼斯 . 传播的偏向 [M]. 北京 : 中国人民大学出版社 ,2003: 36—38.

[2] 张涛甫 . 新媒体技术迭代与国际舆论话语权重构 [J]. 人民论坛·学术前沿 , 2020(15):6—11.

[3] 张涛甫 , 易若彤 . 变革与重塑 : 新闻学研究的转向和未来 [J]. 当代传播 , 2021(3):16—22.

[4] 甄言 . 对传播现象深刻变化的思考 [N]. 北京日报 ,2019-02-11(14).

了其他并行的新闻业的运作模式，如技艺模式、服务模式[1]。需要指出的是，媒介技术迭代发展使得传统新闻媒体面临沦为"内容提供商"的风险；基于互联网技术构建的传播平台所具有的用户主导议题和强大传播力等两大特征，为其新闻传播效能提供了重要保障。随着"制播分离"模式的逐渐普及，大量源于传统媒体的新闻传播时效和传播范围，在网络新媒体平台得以加强。这点可从近年来大量引起轰动效应的新闻作品发端于传统媒体，而后借助以算法技术为支撑的信息推荐平台提升传播效能，形成热点事件的现象中窥见。

在后新闻业时代，新闻业态的改变重塑了新闻从业者的职业角色。互联网的出现催生了"产销一体化"的新闻实践流程[2]，专业机构的记者和编辑不再是新闻事件的唯一阐释主体，大量的民众参与新闻报道，不断地重塑新闻的价值和意义，随之而来的是新闻从业人员的社会影响力日渐式微。同时，新闻生产流动速度的加快，颠覆了过往以报纸新闻为主的新闻生产流程和常规，以互联网技术为基础的新媒介借助算法等手段，精准地将新闻传播至目标受众，扩大了新闻事件本身的影响力，但也削减了传统媒体的影响力。虽然大量的传统媒体机构努力拥抱互联网时代，但由于传统思维的禁锢，转型尤为困难，无法阻止发行断崖式下

---

[1] 李莉，胡冯彬.新闻业的黄昏还是黎明？——罗伯特·皮卡德谈变化中的新闻生态系统 [J].新闻记者，2015(3)：13—19.

[2] 王斌.大数据与新闻理念创新——以全球首届"数据新闻奖"为例[J].编辑之友，2013(6)：16—19.

降、盈利亏损等的发生，造成大量的新闻从业者流失[1]。值得指出的是，机器学习等技术的使用，使得智能化新闻成为可能，但在信息过载的互联网时代，人们对新闻的文化属性的要求急剧提升，这也为人类新闻记者和编辑提供了广阔的生存空间[2]。

新媒体时代，"党的新闻舆论工作必须创新理念、内容、体裁、形式、方法、手段、业态、体制、机制，增强针对性和实效性"。具体到新闻从业者的日常工作中，他们应该积极转换角色，记者应该由事实的告知者转换成所报道领域的专家和解释者，而编辑则是新闻由稿件变为成品的编码者转换成知识管理者，以满足民众对信息的需求[3]。这些转变也就对新闻从业者的信息选择、解读和传播的能力提出了更高的要求，间接地向新闻教育提出了挑战、指明了发展方向。

新闻学教材是集中呈现新闻学知识体系的核心物质材料。现有新闻学教材的知识体系仍以传统的新闻实践逻辑为主，缺乏对新的传播现象进行阐释的理论和方法[4]。新闻学教材的历史路径依赖程度较高，所呈现的理论知识忽视了对其历史语境的阐述。党报理论模式和传统新闻理论知识在新闻学教材知识体系中占据主

---

[1] 张志安，曹艳辉. 新媒体环境下中国调查记者行业生态变化报告 [J]. 现代传播（中国传媒大学学报），2017,39(11):27—33.

[2] 黄典林，白宇. 人工智能与新闻业变革的技术和文化逻辑 [J]. 新闻与传播评论，2018,71(6):31—40.

[3] 蔡雯. 媒介融合带来新闻编辑部角色变化——从新闻采编到知识管理 [J]. 新闻与写作，2007(4):16—18.

[4] 王斌. 互联网新闻学：一种对新闻学知识体系的反思 [J]. 编辑之友，2020(8):63—74.

导地位，这些理论知识的产生均有对应的新闻实践的历史语境，但鲜有编者对这些理论知识的历史语境进行详细梳理和介绍，使得学生经常因存在时间维度和空间维度的认知差异而陷入无法使用这些理论知识解释当前新闻现实的困境。

此外，许多经典的新闻传播理论在媒介技术的迭代发展中失去了适用语境[1]。在传播方式大众化和自由化的新媒体时代，传播主体不再限于专业新闻工作者，传播工具也并非专业人士的特权，新媒体积聚了丰富的传播资源，且议程设置、把关人和中心节点相较于传统媒体有所减少。已有学者将"沉默的螺旋""知识沟假说""把关人理论"和"议程设置"等经典的新闻传播理论置于新媒体环境中，对其适用性进行检验。以"沉默的螺旋"为例，这一理论由德国知名传播学者伊丽莎白·诺尔-诺依曼提出，用以解释大众传媒在形成和引导舆论方面所发挥的作用以及舆论的形成机制，个体主要受"双重意见气候"影响，即参考群体的意见及媒体意见[2]。但是，参考群体仅被学者诺依曼看作"异常的环境形势或远景"，既有在大众传媒时代展开的研究亦认为参考群体的作用并不显著[3]。当下，人类传播环境因互联网的发展而变革，社交

---

[1] 苏涛，彭兰.热点与趋势：技术逻辑导向下的媒介生态变革——2019年新媒体研究述评[J].国际新闻界，2020,42(1):43—63.

[2] Noelle-Neumann E. The Spiral of Silence: Public Opinion-our Social Skin[M]. Chicago: University of Chicago Press, 1984.

[3] Glynn C J, Hayes A F, Shanahan J. Perceived Support for One's Opinions and Willingness to Speak Out: A Meta-Analysis of Survey Studies on the "SpiralofSilence".[J]. Public Opinion Quarterly, 1997, (61.3):452-463.

媒体的出现提升了参考群体的影响作用，与媒体影响力一起成为新媒体时代沉默的螺旋效应发生的边界条件[1]。在当前新闻学教材中，鲜有编者梳理"沉默的螺旋"的历史发展脉络，这使得学生在使用这一理论考察当前新闻实践时，陷入理论与现实难以结合的困扰。

在媒介技术迭代发展带来的后新闻业时代，新闻从业者面临着知识体系的调整，新闻学教材内容也应及时调整才能培养合格的新闻舆论工作者。互联网已经成为社会运行和发展的基础，其开放性、参与性和嵌入型等特征也为新闻业的发展和变革带来了更多的可能性，这也为我们认识和理解新闻实践提供了新的认知策略、认知角度和认知框架。在重构的传媒业态和新闻实践中，专业价值和能力需要"守正创新"，这要求新闻学教材的建设更应该注重知识体系的及时更新，厘清新闻理论的历史语境，加强当下现实对经典新闻理论的拓展，梳理后新闻业时代的实践逻辑，构建符合当前媒介技术时代的新闻专业知识体系。

第四节　本章小结

新闻学教材体系建设面临的挑战，说到底是教材建设如何实现新时代党和国家人才培养需求、教材体系改革如何适应新媒体

---

[1] 王成军，党明辉，杜骏飞.找回失落的参考群体：对沉默的螺旋理论的边界条件的考察 [J]. 新闻大学 ,2019(4):13—29+116—117.

技术和专业发展需求。这一问题的根源在于：一是世界大变局加速演变的特征更趋明显，国际舆论竞争更加激烈，新闻学教材的建设要强化其价值引领的作用；二是鉴于西方新闻理论的先发性，部分教材以讲述西方新闻理论为主，忽视了对中国新闻实践的理论提炼；三是新媒体技术的迭代发展，催生了新闻实践逻辑的变革，进而引发新闻学知识体系的重构。中国新闻学教材建设需要科学地洞察中国新闻实践，统摄"外来""历史""当下"与"未来"，把握普遍性与特殊性的辩证关系，构建能够凸显中国特色的新闻话语体系，在机遇与困境中前行，这是中国新闻学教材体系建设无法避免的宿命和使命。

第三篇

未来进路

第七章

中国新闻传播学自主知识体系建构与教材建设研究：基于主体性视角

中国新闻传播学自主教材建设，是培养党和国家需要的卓越新闻传播人才的基础工程。进入新时代，国际局势深刻变化，媒介技术纵深发展。加快推进中国新闻传播学自主教材建设，对于坚持党对教材工作的全面领导，落实国家事权，推进教育转型升级，提升人才培养水平，支撑学科体系、学术体系、话语体系建设，增强国际影响力，均具有重要战略意义和历史价值。

当前我国新闻传播学教材建设主要存在四类较为突出的问题：教材建设与国家战略存在一定的脱节、教材建设未能适应媒介技术的迭代发展、教材出版类型上存在"理论"偏向、教材编写创新与动力不足[1]。这些问题导致的结果是当前我国新闻传播学教材建设呈现教材数量多但精品教材少、"拼凑型"教材多但"缜密型"教材少、传统类型教材多但新形态教材少的局面。面对这些不足之处，既有学者从宏观的视角提出破解之道，认为新闻传

---

[1] 张涛甫，张大伟.脱嵌与回归：新闻学教材建设的意识形态考量 [J].现代出版，2021(4):9—14.

播学教材应该跳出纯粹知识的内部视角[1]，处理好价值引领与科学知识的关系[2]；也有学者从微观的角度切入，提出填补案例教材空白[3]、优化教材建设流程[4]及加快开发立体化教材[5]等具体措施。

上述分析显示，学界主要聚焦于现状和对策两个维度分析新闻传播学教材建设，鲜有学者从新闻传播学自主知识体系建构的角度深入分析教材建设逻辑。教材是彰显学科范式中知识逻辑与教学逻辑统一性的"标识物"[6]，不仅承担着培养新时代杰出人才、传播社会主义核心价值观、传承中国优秀传统文化的艰巨使命[7]，也承担着构建中国特色自主知识体系的重要任务。从新闻传播学教材体系演变的历史经验来看，教材体系的发展离不开理论体系的支撑。一方面，教材是理论载体，是学科理论内核与共识的集中体现，是传播理论的重要渠道；另一方面，教材是推进理论发展的重要动力。换言之，教材建设与学科自主知识体系构建之间

[1] 张涛甫，张大伟.脱嵌与回归：新闻学教材建设的意识形态考量[J].现代出版，2021(4):9—14.

[2] 米博华，王梓.国家事权视域下的教材建设[N].光明日报，2021-11-19(11).

[3] 高晓虹，赵希婧.守正创新：我国新闻传播教育理念探索与实践转型[J].中国出版，2020(14):3—9.

[4] 谢兴政.高校"马工程"新闻传播学教材建设探讨[J].新闻大学，2021(9):28—39+117.

[5] 范雅琳，李剑欣.媒介融合下新闻传播学实验教材的立体化开发[J].中国编辑，2018(6):81—85.

[6] 刘瑞.建构中国自主的经济学知识体系：经济学的中国范式[J].学术探索，2022(9):2—4.

[7] 谭方正.加快建设中国特色高质量教材体系的根本遵循、核心向度与实践理路[J].中国编辑，2023(6):4—10.

具有知识生产、组织与传播的任务一致性[1]。教材建设是"推动学科自主、学术自主、话语自主的基础性工作"[2]，中国新闻传播学自主教材的建设必须依托于自主知识体系建构的不断推进和完善。因此，笔者试图从自主知识体系建构的角度入手，以主体性理论把握国家、学科和使用者在中国新闻传播学自主教材建设过程中所发挥的作用，试图摸清中国新闻传播学自主教材建设的内在逻辑，为中国新闻传播学自主教材建设提供一定的参考依据。

第一节　文献综述

一、中国新闻传播学自主知识体系建构

进入新时代以来，新闻传播学的知识结构、外部环境以及专业化分工等多个维度都产生了巨变[3]。传统的学科范式难以为继，尤其是一直沿用的"基于线性历史观、单一发展观和技术中心主义的发展传播学新旧范式"，未能跳出西方现代性的根本逻辑。由于中国的媒介实践与西方发达国家所谓的"标准"存在明显的差异，西方理论在"阐释中国的媒介与社会发展历史"的问题上显

---

[1] 刘伟，陈彦斌.建设中国经济学的科学生态体系——以教材体系为突破　以知识体系为基础　构建中国经济学学科、学术和话语体系 [J].管理世界，2022,38(6):57—71.

[2] 郁建兴，黄飚.建构中国自主知识体系及其世界意义 [J].政治学研究,2023(3):14—24+167—168.

[3] 周庆安，卢明江.学科与民族：媒介融合环境下新闻传播自主知识体系的重构[J].国际新闻界,2022,44(12):6—13.

得捉襟见肘[1]。中国式现代化的发展道路与西方现代化的过程具有本质的不同,"当代中国拥有自主的新闻实践、新闻活动,拥有充满自身特色的新闻业和基本新闻制度,并且已经形成了自身的新闻文化特征"[2],根植于中国语境的媒介实践具有很强的独特性,只有创造出符合时代要求、解决中国难题的新闻传播学思想观念及理论方法体系,才能真正服务于中国式的现代化建设[3]。

建构具有中国特色的新闻传播学自主知识体系需要以明晰的目标为指引。诸多学者将自主知识体系建构的目标定位于构建一套超越本土实践和地方性知识,具有世界普遍解释力的知识体系[4][5]。具体到构建中国特色新闻传播学自主知识体系的路径,学界主要从宏观和微观两个层面展开探讨。在宏观层面,建构中国新闻传播学自主知识体系应处理好问题与概念、学术与思想、自主与对话三组关系[6],以坚持马克思主义为基本理论立场,将为人民服务当作根本价值立场[7]。作为强应用性学科,新闻传播学自主

[1] 涂凌波,王子薇.中国式现代化与媒介发展:建构新闻传播学自主知识体系的实践基础[J].新闻与写作,2023(3):24—33.
[2] 杨保军.构建当代中国新闻学自主知识体系的根据与必要[J].国际新闻界,2022,44(11):25—38.
[3] 王凤翔.服务中国式现代化:中国自主新闻传播学知识体系建设的历史使命[J].新闻与传播研究,2022,29(12):5—13+126.
[4] 张涛甫,姜华.依附与重构:试论中国自主新闻传播学知识体系建设[J].新闻与传播研究,2023,30(9):5—20+126.
[5] 杨保军.当代中国新闻学自主知识体系建构的"问题来源"渠道及其基本关系[J].中州学刊,2023(6):168—176.
[6] 胡百精.建构新闻传播学自主知识体系[J].新闻与写作,2023(3):1.
[7] 杨保军.建构当代中国新闻学自主知识体系的基本立场与基本目标[J].编辑之友,2023(1):29—36.

知识体系需凸显实践导向，以"实践"为中国新闻传播学自主知识体系的源头与出路，激发新闻传播学在哲学社会科学之林中的"合法性和重大影响力"[1]。

　　微观层面，研究者聚焦于概念这一自主知识体系的基本要素，并将其视为自主知识体系建构的起点和逻辑[2]。当前，概念供给是新闻传播学科自主知识体系建构亟待解决的问题[3]，换言之，摆脱过往较为依赖的依附性知识生产方式是当前的重中之重[4]。这要求重新界定本学科的核心概念，打开新闻传播学研究的"想象力"[5]，既要加强对中国新闻传播实践的总结，创造性地提炼凸显中国特色新闻传播学概念[6]，也应该反思批判、吸收借鉴与改造转化世界各种类型的新闻传播学概念[7]，助力兼具中国意蕴与联通世界双重意义的中国新闻传播学自主知识体系的建构。

---

[1] 胡正荣，王天瑞.实践：中国自主新闻传播学知识体系的源头与出路 [J].国际新闻界，2022,44(11):6—24.
[2] 杨保军.确立当代中国新闻理论"标识概念"的基本标准 [J].新闻记者，2024(2):3—14.
[3] 张大伟，周彤.概念供给：自主知识体系建构的当务之急 [J].编辑学刊，2023(1):6—12.
[4] 张涛甫，姜华.依附与重构：试论中国自主新闻传播学知识体系建设 [J].新闻与传播研究，2023,30(9):5—20+126.
[5] 胡翼青.论中国新闻学自主知识体系的拓展：基于属概念界定的视角 [J].传媒观察，2023(5):5—12.
[6] 周彤.中国新闻学概念研究的视野与进路——基于三种概念研究方式的思考 [J].新闻与写作，2023(5):51—60.
[7] 杨保军.当代中国新闻学"自主概念"的来源 [J].当代传播，2024(1):22—29.

二、 主体性：中国新闻传播学自主教材建设的一个新视角

作为哲学领域的核心概念，主体性一直备受哲学家的关注[1]。从笛卡尔的"我思故我在"到康德的"哥白尼式的革命"，人类在与外部事物关系中的主体地位逐步形成[2]。近年来，主体性这一概念被逐渐运用到教育学领域。教育的主体性主要是指人的主体性，这是对传统教育中长期忽视"人"的思想的矫正[3]。通常，教育主体性涵盖了决策者的主体性、教育者的主体性和受教育者的主体性[4]。也有学者指出，教育主体涵盖了教师和学生，他们具有自主性、能动性和创造性等主体性[5]。

但是，简单地将教育主体性的内涵移植到教材建设的语境，并不足以解释中国新闻传播学自主教材建设的基本逻辑。当前，从自主知识体系建构的角度探讨中国新闻传播学教材建设的关键要素，有两个核心背景需要特别进行明确：习近平总书记在哲学社会科学工作座谈会上的讲话及在中国人民大学考察时的讲话。依循这一逻辑，已有研究者在探讨自主知识体系构建时，提出要体现国家主体性，反映中国国情、实践和独特问

[1] 赵永峰.法兰克福学派论争：从阿多诺主体性到哈贝马斯主体间性——以哈贝马斯普遍语用学为例 [J].重庆社会科学，2020(7):121—130.

[2] 朱珂，张斌辉，张瑾.教育数字化转型中师生主体性的缺失风险与复归策略 [J].电化教育研究，2024,45(4):52—58.

[3] 黄小欧，庞学光."主动"、"交往"到"成全"：教育主体性的嬗变 [J].社会科学家，2016(10):124—127.

[4] 王道俊.关于教育的主体性问题 [J].教育研究与实验，1996(2):1—5.

[5] 张传隧.现代教育学 [M].重庆：西南师范大学出版社，1997:132—134.

题[1][2][3]。事实上，新闻传播学作为独立学科，在其知识体系的构建过程中，亦需充分体现学科自身的主体性，这样才能体系化呈现新闻传播学知识的核心和边界。同时，由于教材是传授知识的物质载体，在教育过程中发挥着重要作用，中国新闻传播学教材建设语境要将教育主体纳入考量。在教育的过程中，需要兼顾学生和教师的主体地位，同时发展双方的主体性，忽视任何一方都有可能使教育效果"打折"[4]。对于新闻传播学教材而言，教师和学生均是使用者，两者分别利用教材传授和接受专业知识，在教材编写过程中应该充分考虑使用者的需求。因此，本研究以主体性为理论视角，从国家主体性、学科主体性和使用者主体性三个维度，探讨新闻传播学自主教材建设的基本逻辑。

第二节 研究设计

基于上述分析，本书提出以下问题。在中国新闻传播学教材建设的过程中，国家主体性、学科主体性和使用者主体性的内涵

---

[1] 张师伟，薄萧.中国政治学自主知识体系建构中的国家主体性 [J].天津社会科学,2023(6):27—33.

[2] 张宝明.中国思想史学科主体性问题的再思考 [J].史学理论研究,2022(3):81—89+159.

[3] 张涛甫.立足中国现场 回应时代之问——兼论中国新闻传播学的主体性问题 [J].新闻记者,2022(5):12—17.

[4] 张传燧.教育的主体与主体性教育散论 [J].教师教育研究,2004(3):46—50.

分别是什么？自主知识体系助力中国新闻传播学教材建设应该如何体现主体性逻辑？

为更好地回答上述问题，笔者依托高校新闻学国家教材建设重点研究基地、复旦大学新闻学院和福建师范大学传播学院，分别于2023年11月10日和11月17日在上海和福州召开了中国新闻传播学自主知识体系建构与教材建设论坛，并在论坛中设置"中国新闻传播学自主知识体系建构与教材建设实践逻辑"分论坛，邀请18位专家学者对学科的自主知识体系建构及教材建设的相关问题进行研讨。同时，在两场会议的主旨演讲环节，共有8位专家谈及相关话题，因此笔者将其演讲内容一并纳入经验材料进行分析。如表7-1所示，本研究所涉及的26位专家男女比例为17∶9，他们来自中国人民大学、中国传媒大学、武汉大学、暨南大学、华中科技大学、重庆大学和复旦大学等高校。这些高校在层次方面，既涵盖了第四轮学科评估中获评A、B、C类的新闻传播院校，也包括了福建师范大学、山西师范大学等未参评的高校；在类型方面，既有综合类大学，如复旦大学、同济大学等，也有专门大学，如上海外国语大学、中国政法大学等。本书的样本具有一定的权威性和代表性，这在一定程度上提高了研究结论的普适性。

表7-1　样本信息

代　码	性　别	所 在 高 校
Z1	男	陕西师范大学

（续　表）

代　　码	性　　别	所　在　高　校
Z2	男	南昌大学
Z3	男	中国政法大学
Z4	女	安徽师范大学
Z5	男	北京师范大学
Z6	男	上海大学
Z7	女	湖南师范大学
Z8	男	同济大学
Z9	男	中南财经政法大学
Z10	男	重庆大学
Z11	男	西安交通大学
Z12	女	兰州大学
Z13	男	中国传媒大学
Z14	男	河北大学
Z15	女	上海外国语大学
Z16	男	复旦大学
Z17	女	福建师范大学
Z18	男	复旦大学
Z19	女	中国传媒大学
Z20	女	中国传媒大学
Z21	男	中国人民大学

（续 表）

代　码	性　别	所 在 高 校
Z22	男	武汉大学
Z23	女	山西师范大学
Z24	男	华侨大学
Z25	女	华东师范大学
Z26	男	华中科技大学

第三节　三重主体性：自主知识体系助力中国新闻传播学教材建设的逻辑

一、国家主体性：融合中国特色与世界普遍意义

作为舶来品，新闻学与传播学被引入中国以来，学者们通过持续译入和援用外来概念、范畴和理论等方式，推动了新闻传播学科在我国的发展[1]。在中国新闻传播学科的发展历程中，"本土化""在地化"是学界同仁的共同追求[2]，但是重度依赖西方学术话语，诸如"食洋不化""过度移植"的现象层出不穷[3]，"长期受到西方传播学的影响"（Z11），使得我国新闻传播学科自身理论的主体性被弱化。

---

[1] 祁芝红，李智.从"全球本土化"到"在地全球化"：中国传播学学术话语体系建构路径分析[J].新闻大学，2021(9)：75—89+119.

[2] 胡智锋，刘俊.新中国70年新闻传播学发展的回顾与展望[J].新闻大学，2020(2)：44—54+120—121.

[3] 张涛甫.立足中国现场　回应时代之问——兼论中国新闻传播学的主体性问题[J].新闻记者，2022(5)：12—17.

国家主体性是指中国新闻传播学教材建设要体现民族自主性，要能够反映和传承中华民族的文化传统和价值观念[1]。作为自主知识体系建构的核心定位点，国家主体性应贯穿于中国新闻传播学教材建设各个环节，并应从整体视角把握民族自主性内涵。

一是国家主体性应体现国家的意志和价值观，反映国家的文化传统，以中国原创知识为明确导向，凸显中国主动生产和创造性。不同于西方国家，马克思主义新闻观是我国新闻传播事业的基本指导思想，是新闻传播人才培养体系中的"定盘星"[2]。一位具有马克思主义新闻观教材编写经验的资深专家表示，"我们在建设中国新闻传播学教材的时候，一定要基于马克思主义新闻观开展"（Z20）。中国新闻学借鉴过西方、苏联的新闻学，但在具体的新闻传播实践中，特别是在中国共产党领导下，我国的新闻传播事业开创了独特的发展之路，凝聚了中国经验，体现了中国智慧。"在教材中，要体现属于我们中国新闻传播学的概念、范畴和表述，要汇集展示中国新闻传播学自主知识体系的新发现、新发明和新创造。"（Z7）作为自主知识体系的核心要素，标识概念的提炼是学界的当务之急。新闻传播学的标识概念要源自中国的标识性事实[3]，尤其需要通过溯源、对比论证等方式凸显这些事实与

[1] 周庆安，许涌斌.建构中国新闻传播学自主知识体系的十个基本问题 [J].编辑之友，2024(1):21—29.
[2] 强月新，孔钰钦.新文科视野下的新闻传播人才培养 [J].中国编辑，2020(10):58—64.
[3] 杨保军.确立当代中国新闻理论"标识概念"的基本标准 [J].新闻记者，2024(2):3—14.

其他国别或地域的区别。专家Z1举出了多个标识概念，认为"我们今天仍然在通用的一些新闻理念与全党办报、群众办报、新闻批评等，在中央苏区的时候、在历史语境中是什么样的体系，这不仅是我们自主体系的思想源泉，实际上也是我们自主知识体系建构的一个溯源工程，我们要建立自己的知识体系，当然要追寻它的历史"。同时，新闻传播学教材建设亦需要从中国优秀传统文化中寻找逻辑起点和学术资源[1]，为提炼具有中国特色的概念提供基点。"在概念溯源时，应该以比较开放的思路追溯，从传统文化中捕捉思想理论的火花。"（Z15）在教材案例的呈现过程中，也应该"吸收一些中国传统文化的哲学和思维，传播中华文化的价值观"（Z16）。

二是体现国家主体性不能排斥全球化，中国特色离不开世界人类文明的传统。"强调民族性并不是要排斥其他国家的学术研究成果，而是要在比较、对照、批判、吸收、升华的基础上，使民族性更加符合当代中国和当今世界的发展要求，越是民族的就越是世界的。"[2]构建中国新闻传播学自主知识体系在以中国为根本的同时，也应面向世界[3]。"我们在教材建设中既要有自主性、中国性，又要融通中外，具有世界意义，为解决全球范围内的

---

[1] 陈华明，孙清凤. 中国传播学自主知识体系构建的方法论变革——基于近50年教科书的考察 [J]. 山东师范大学学报（社会科学版），2023,68(6)：139—152.

[2] 习近平. 在哲学社会科学工作座谈会上的讲话 [N]. 人民日报，2016-05-19(2).

[3] 周勇. 从元问题出发：中国特色新闻传播学知识体系的建构逻辑与实践进路 [J]. 新闻与传播研究，2022,29(10)：5—16+126.

重大问题提供具有中国原创性的理论。"（Z20）由此可见，构建具有中国特色兼具世界普遍意义的新闻传播学教材体系应该成为学界和业界的共识。"完全故步自封、闭门造车的状态，显然不符合未来教材建设的方向。"（Z23）新闻传播学教材的建设需要面向世界、多元开放，及时将国内外最前沿的成果纳入教材体系，提炼出具有国际认可度的中国新闻传播学理论。在吸纳国外前沿理论的过程中，批判性思维应该贯穿始终，在本土化和全球化之间做到辩证统一[1]。与会专家举出了诸多案例进行说明，如来自编辑出版专业的专家Z24认为，"中国特色的出版学不同于西方只注重出版的经济属性而忽略其思想文化属性的特征"。面对西方的学术理论，我们既要正视"西强东弱"的现实，更应该超越西方中心主义，以横跨中西方的思想和知识视野，编写有利于世界整体新闻传播学科发展的教材。在教材建设的过程中，新闻传播学界应该通过把握特殊性和普遍性，形成不同层次知识概念：以我为主的知识、中外结合的知识和共同主导的知识[2]。此外，重视全球化，其目的不仅在于借鉴，更应该关注如何将自主知识体系推向全球，"我们需要对我们自己好的专业教材进行翻译，比如获奖的教材、更新出版版次较多的教材等，推荐其他国家使用"（Z14），以增强中国新闻传播学

---

[1] 张涛甫，姜华. 依附与重构：试论中国自主新闻传播学知识体系建设 [J]. 新闻与传播研究，2023，30(9)：5—20+126.

[2] 翟锦程. 中国当代知识体系构建的基础与途径 [J]. 中国社会科学，2022(11)：145—164+207.

在全球的话语影响力[1]。

二、 学科主体性：体系化呈现学科知识的核心与边界

与社会学等老牌学科相比，新闻传播学的发展较晚，且大量的新闻传播理论源于心理学、社会学等其他学科[2]，这使得诸如"新闻无学"等对学科主体性的质疑甚嚣尘上[3]。学科的本质是一种知识分类，学科边界则代表着不同学科之间的区分[4]。大量学者从高等教育的整体视角阐释学科边界，如学者福柯指出，"学科构成了话语生产的一个控制体系，它通过同一性的作用来设置其边界"[5]；学者吴国盛认为，建立学科的"目的在于形成一种知识，或思想传统"[6]。同样，也有部分学者以具体学科为例探讨学科边界，涵盖了公共管理学科[7]、教育学学科[8]和马克思主义理论学科[9]等。值得指出的是，上述两种类型的研究持

[1] 陈光金.中国自主社会学知识体系建设初探[J].中国社会科学评价,2023(4):20—26+155.

[2] 徐开彬,叶春丽.扎根理论在新闻传播研究中的应用——基于中英文新闻传播学术期刊的分析[J].新闻与传播评论,2022,75(1):17—31.

[3] 胡智锋,刘俊.新中国70年新闻传播学发展的回顾与展望[J].新闻大学,2020(2):44—54+120—121.

[4] 饶佩.坚守还是放弃：关于高等教育学科边界的思考[J].江苏高教,2024(3):12—24.

[5] Foucault, M. The Archaeology of Knowledge and the Discourse on Language [M]. New York: Pantheon, 1972: 224.

[6] 吴国盛.学科制度的内在建设[J].中国社会科学,2002(3):81—82.

[7] 杨立华.公共管理学学科边界的层次、类型和一个新学科发展纲领[J].中国行政管理,2020(4):70—80.

[8] 李政涛.教育学的边界与教育科学的未来——走向独特且独立的"教育科学"[J].教育研究,2018,39(4):4—15.

[9] 王秀阁.把住学科边界是深入推进马克思主义理论学科建设的前提[J].学校党建与思想教育,2013(4):16—18.

有一个共同的观点，即学科边界是区分而非区隔。沿着这一思路，我们在探讨中国新闻传播学教材建设的学科主体性时，要明确新闻传播学作为一门独立的学科而存在，有其独特的知识体系，这要求既同时关注学科知识的核心和边界，也应厘清学科知识的体系化呈现逻辑。

其一，学科主体性要求中国新闻传播学自主教材建设应该把握专业核心知识。作为新闻传播学专业的内核，专业核心知识是新闻传播教育开展的基础，具有较强的稳定性、恒久性。教材所呈现的知识应该具备相当的稳定性，这样才能更好地维护学科的合法性。近年来，新闻传播学科正在经受"成长的烦恼"，一堆"散装""低端"知识被生产出来，影响了学科知识的浓度和硬度[1]。"我们这些年特别骄傲的是不断地在做增量，所以把工具箱变得越来越丰富，把我们的理论、知识的库存不断地丰富起来，这是一个非常重要的成就。但是接下来进入一个临界点，如何进行消化、整理家底，在这个基础上如何来进行真的大盘整理和逻辑上的重建，变得非常重要。"（Z18）只有通过"减法"，不断将无法体现中国新闻传播实践的概念排除，才能提炼出属于中国新闻传播学的内核知识，并借助教材向新闻传播学子传授。同样，作为一门实践性较强的学科，新闻传播学的发展与业界实践是密

---

[1] 张涛甫.立足中国现场回应时代之问——兼论中国新闻传播学的主体性问题[J].新闻记者,2022(5):12—17.

不可分的[1]。教材的编写者应该走向田野，深耕中国实践，不断扩展对中国经验的理解与对话[2]。一方面，"举全国新闻传播学界之力，从中国新闻传播实践中总结提炼概念、理论和思想，并形成完善的自主知识体系"（Z11），另一方面，"我们自己只有深入地理解中国新闻传播的实践本身，才能更好地进行教材建设工作"（Z19）。作为新媒体实践的全球领先者，中国新闻学自主知识体系呈现互联网发展的中国实践显得尤为必要。"要把互联网实践当作我们的优势，充分总结、凝练，形成系列概念、理论。"（Z4）

其二，学科主体性要求中国新闻传播学自主教材建设明晰专业知识边界。从新闻传播学科发展历史来看，诸多著名的理论起源于与其他学科的积极联系，而非在封闭的情境中孤立发展，这也是先有施拉姆的"十字街头"[3]，后有胡百精的"生态型学科"等论断的关键原因[4]。从社会科学甚至是自然科学的其他学科吸收精华，是新闻传播学科的传统[5]。因此，构建新闻传播学自主知识

[1] 周勇.从元问题出发：中国特色新闻传播学知识体系的建构逻辑与实践进路 [J].新闻与传播研究,2022,29(10):5—16+126.
[2] 王凤翔.服务中国式现代化：中国自主新闻传播学知识体系建设的历史使命 [J].新闻与传播研究,2022,29(12):5—13+126.
[3] Schramm, W. Comments on The State of Communication Research. Public Opinion Quarterly[J], 1959, 23(1): 6—9.
[4] 胡百精.大学现代化、生态型学科体系与新闻传播教育的未来选择 [J].中国人民大学学报,2019,33(2):132—139.
[5] 周庆安,许涌斌.建构中国新闻传播学自主知识体系的十个基本问题 [J].编辑之友,2024(1):21—29.

体系的目标之一在于推动本学科与其他学科的融合[1]。"得益于媒介技术的迭代发展，在与其他学科交融的过程中，我们开拓了计算传播等新兴领域，这为我们构建自主知识体系提供了新的知识源头。"（Z8）当然，与其他学科融合并不意味着学科边界的无限开放，这要以不威胁学科的独立为前提[2]。落实到新闻传播学科的边界，专家Z21认为，"边界的拓展可能需要一个有逻辑、有步骤的布局，边界随意拓展可能会消融自身的核心竞争力"。专家Z8亦持类似的观点，提出"学科结构一定是交叉性的，但是需要注意这个交叉性怎么保证专业本身核心知识点的灌输，特别是基础理论性的灌输"。

其三，学科主体性要求中国新闻传播学自主教材建设体系化呈现专业知识。教材体现的是系统化、体系化的知识[3]。教材体系要一体化地展现逻辑体系、知识体系，在理论和思想建构中发挥极为重要的作用，是梳理理论脉络、澄清学术共识、塑造学科逻辑体系的纽带[4]。"新闻传播学这几十年正在不断开枝散叶、不断壮大，在这个过程当中，体量在增大，知识的整个规模在扩大，

[1] 周庆安，许涌斌.建构中国新闻传播学自主知识体系的十个基本问题[J].编辑之友，2024(1):21—29.

[2] 饶佩.坚守还是放弃：关于高等教育学科边界的思考[J].江苏高教，2024(3):12—24.

[3] 刘学智，李美莹.以课程标准为依循推进义务教育教材改革[J].现代教育管理，2022(9):16—18.

[4] 刘伟，陈彦斌.建设中国经济学的科学生态体系——以教材体系为突破以知识体系为基础构建中国经济学学科、学术和话语体系[J].管理世界，2022，38(6):57—71.

知识的脉络实际上也变得越来越复杂，我们需要先理清楚该如何去做这里面的体系性的工作，然后在教材建设上才有根本，否则的话教材很可能就缺乏必要条件和基础。"（Z18）专家Z22援引了学者徐勇提出的"孤儿概念"[1]，认为"现在的新闻传播学科有太多孤儿概念，很多概念之间的关系不够清晰"。构建自主知识体系，既要提炼概念和话语，也要系统把握"概念—理论—思想"的关系，通过理论对各种观点进行主题性整合，通过思想对理论进行宏观上的统摄[2]。在新闻传播语境中，自主知识体系是知识有序组合的整体[3]，建构过程既需要"有思想，而这个思想就是马克思主义新闻观，同时需要找到学科内部的知识逻辑和枢纽概念"（Z22），也应该"在编写教材前要先好好梳理我们学科的知识秩序，并将这一知识秩序在教材里明确地呈现出来"（Z13）。上述方法体系化呈现具有中国特色的新闻传播学知识，进而助力教材系统化呈现学科知识的核心和边界。

三、 使用者主体性：兼顾学生职业发展需要和教师教学需求

教学是学生和教师依据教材开展的活动[4]。教材作为传播知

---

[1] 徐勇.将概念带入学术体系：为"概念孤儿"寻家[J].中国社会科学评价，2022(4)：4—10.

[2] 余清臣.关系格局中的中国教育学自主知识体系内涵[J].苏州大学学报（教育科学版），2023，11(3)：20—25.

[3] 周庆安，许涌斌.建构中国新闻传播学自主知识体系的十个基本问题[J].编辑之友，2024(1)：21—29.

[4] 胡定荣，邱霞燕.学生教材使用概念的反思与重建[J].课程.教材.教法，2023，43(12)：51—57.

识的物质载体，在学生学习和教师教学的过程中均扮演了重要角色[1]。作为中国新闻传播学教材的直接使用者，学生和教师的需求和特点应在教材编写中得到充分考虑。因此，建设中国新闻传播学教材应该充分考虑两个方面：学生的职业发展需要和教师的教学需求。

首先，中国新闻传播学自主教材应该服务于立德树人这一根本任务。中国新闻传播学教材是培养卓越新闻传播后备人才的重要载体[2]。教材建设要体现价值性，回归学生本位，将马克思主义贯穿教材建设全流程，使马克思主义新闻观进教材、进课堂、进头脑。作为马克思主义新闻观的最新发展，习近平总书记关于新闻舆论工作重要论述进教材是当下的重点工作之一。"新闻传播学教材建设要充分考虑育人功能，突出教材内容的时代性。"（Z20）但是，笔者在前期调研中发现，当下存在概念化理解习总书记关于新闻舆论工作重要论述的问题，使得论述与教材内容之间"两张皮"。面对这一困境，新闻传播学教材的建设一方面需要"注意将'又红又专'与'喜闻乐见'结合起来"（Z25）；另一方面应该"促进新闻传播学理论与中国新闻传播实践的充分联结，培养广大青年学生面向社会现实、走向广阔天地的动力与能力，增进

---

[1] 胡定荣，邱霞燕.学生教材使用概念的反思与重建[J].课程·教材·教法，2023,43(12):51—57.

[2] 张明新，沙贺稳.建设好与时俱进的中国特色新闻传播学教材体系[EB/OL].[2024-04-25].https://baijiahao.baidu.com/s?id=1765486101738791096&wfr=spider&for=pc.

广大青年学生对中国国情的了解，最终培养一大批兼具家国情怀
与国际视野，能够讲好中国故事、传播中国声音的优秀新闻传播
后备人才"（Z6）。

　　其次，中国新闻传播学自主教材应该传授科学性和前沿性知
识。教材是科学知识学科化的载体[1]，是培育学生专业能力的关键
抓手，这意味着新闻传播学教材建设不能忽视学生的个人职业发
展需求。媒介技术的迭代对新闻传播工作者的能力提出了新要求。
在智能媒体时代，新闻传播工作者应该具备价值判断能力、事实
核查与整合能力、数据分析与应用能力及情境内涵的认知能力[2]。
"新闻传播学自主知识体系构建时，我们希望将学生培养成什么样
的人，他们应该具备哪些能力，这是我们需要重点考虑的部分。"
（Z9）长期以来，我国新闻传播教育面临课堂教学与社会实践脱
节的问题[3]，新闻传播学教材也存在不适应时代发展、不匹配培养
目标的问题，形成了教材"出版即落后"的局面[4]。此外，在教材
知识呈现的过程中，由于不同地区、层次和类型的新闻传播院校
在培养目标方面具有较大的差异[5]，中国新闻传播学教材的知识呈

[1] 程良宏，黄晓茜.统编教材的载体属性及其学校化实施[J].课程·教材·教法，
　　2020,40(11):28—35.
[2] 李明德，王含阳，张敏，等.智媒时代新闻传播人才能力培养的目标、困境与
　　出路[J].西安交通大学学报(社会科学版),2020,40(2):123—130.
[3] 张昆，张晶晶."大实践观"：对新闻传播专业实践教育的思考[J].中国编辑，
　　2020(12):117—123.
[4] 张涛甫，张大伟.脱嵌与回归：新闻学教材建设的意识形态考量[J].现代出
　　版,2021(4):9—14.
[5] 谢兴政.高校"马工程"新闻传播学教材建设探讨[J].新闻大学,2021(9):28—
　　39+117.

现需要考虑知识层次的深浅程度，如专家 Z23 所言，"教材建设过程当中不仅要关注到系统性问题，还要关注到个体差异性的问题，不同学校，不同层次的学校他们有不同的人才培养需求，也就需要不同的新闻传播的教材"。"新闻传播学教材的编写者一定要深入教学一线调研，明确不同类型的新闻传播院校的人才培养目标，了解学生学习的使用诉求，这样才能更好地满足不同类型新闻传播人才培养的需要。"（Z1）

再次，中国新闻传播学自主教材应该服务于教师教学工作。教材是教师教学实施的重要依托。教材能够较好地规范教师的授课内容，避免教师过度依赖自身经验组织教学，造成教学内容与课程目标产生较大的偏差[1]。"我觉得教材的存在，可以提醒老师们要在这门课上教什么内容，对于老师而言，教材在某种意义上就是一个较为系统的教学大纲。"（Z3）同时，在教研活动的开展过程中，教师需要根据教学目标对教材进行二次开发[2]。落实到中国新闻传播学教材建设中，应该"考虑怎么进行教学改革，适当的教学方法如何运用，教学效果如何，以及跟前序课程、后面的高阶课程的衔接和发展"（Z12）。唯有如此，才能将中国新闻传播学教材打造成符合教师教学需求的教材，这也是助推中国新闻传播学教材广泛使用的关键方法之一。课程建设是教材建设的重

---

[1] 雷浩，杨春明. 学校层面教材使用的学理价值、现实困境与基本逻辑 [J]. 全球教育展望，2024，53(2)：45—56.
[2] 程良宏，黄晓茜. 统编教材的载体属性及其学校化实施 [J]. 课程·教材·教法，2020，40(11)：28—35.

要依托，是教材的主要应用领域。只有厘清各类高校的新闻传播学科的专业基础课程、核心课程，规范课程设置，才能更好地推动教材建设工作。同样，教材建设工作是规范新闻传播院校课程设置的重要外因。尽管不同院校在课程设置方面体现了特色，但其中不乏因人设课的现象[1]。"现在部分高校的课程设置不太规范，我们可以通过系列教材的建设，提示和督促各新闻传播院校合理设置课程，助力合格新闻传播人才培养。"（Z23）

第四节　本章小结

本书将中国新闻传播学教材建设置于自主知识体系建构的基础上考量，以新闻传播学界知名专家在学术会议上的发言文本为经验材料，阐释了国家主体性、学科主体性和使用者主体性在中国新闻传播学教材建设中的作用。

在中国新闻学教材建设中，要实现国家主体性、学科主体性和使用者主体性的有机统一。国家主体性是中国新闻传播学教材建设的重要基石，为学科主体性和使用者主体性提供方向和保障。国家的需求和发展战略引领着新闻传播学科的发展方向，同时也为中国新闻传播学教材的编写提供了政策和资源支持。学科主体性是中国新闻传播学建设的核心要素，是国家主体性和使用者主

---

[1] 张涛甫，张大伟.脱嵌与回归：新闻学教材建设的意识形态考量 [J].现代出版，2021(4)：9—14.

体性的具体体现。新闻传播学作为学科的独有特点和发展需求决定了教材的内容和形式，同时也为学生和教师提供了专业的知识及技能。使用者主体性则是中国新闻传播学教材建设的关键旨归，是对国家主体性和学科主体性的检验和反馈。学生和教师的需求和反馈能够促进教材的不断改进和完善，使其更好地服务于学科发展和国家需求。

建设中国新闻传播学自主知识体系，进而推进和完善高质量的教材建设，是一个中国式的命题，也是一个宏大的学术系统工程。这需要把握国家主体性、学科主体性和使用者主体性的有机统一，针对中国新闻传播学问题，采用中国的表达方式，提炼对中国新闻传播学具有强大描述力、解释力、预测力和影响力的创新理论，并以一定的内在逻辑将其系统地呈现于中国新闻传播学教材。这些工作不能一蹴而就，更不能脱离中国实践，它是一个长期渐进的积累过程，需要编写者充分了解国家的教育方针和政策，把握新闻传播学科发展的趋势和要求，深入了解学生和教师的需求和特点。精心设计教材的内容和形式，使其既体现国家意志和学科特点，又满足使用者的需求，服务于卓越新闻传播人才培养。

第八章

高校"马工程"新闻传播学教材建设探讨

习近平总书记在党的新闻舆论工作座谈会中强调,"媒体竞争关键是人才竞争,媒体优势核心是人才优势。要加快培养造就一支政治坚定、业务精湛、作风优良、党和人民放心的新闻舆论工作队伍"[1]。2018年,为深入贯彻习近平新时代中国特色社会主义思想和党的十九大精神,教育部出台了《关于提高高校新闻传播人才培养能力实施卓越新闻传播人才教育培养计划2.0的意见》,提出全面落实立德树人根本任务,坚持马克思主义新闻观,用中国特色社会主义新闻理论教书育人,培养造就一大批具有家国情怀、国际视野的高素质全媒体复合型专家型新闻传播后备人才。

"培养出好的哲学社会科学有用之才,就要有好的教材。"[2]教材是学校教育工作的核心内容,它集中体现了教育思想和理念、人才培养的目标和内容等,指引着课程的实际推进,对学生人生

---

[1] 习近平.在党的新闻舆论工作座谈会上的讲话 [N].人民日报,2016-02-20(1).
[2] 习近平.在哲学社会科学工作座谈会上的讲话 [N].人民日报,2016-05-19(2).

观、价值观、世界观塑造具有重要影响[1]。作为马克思主义理论研究和建设工程的重头戏[2],"马工程"教材展示了马克思主义中国化的最新成果[3],是一项"特色工程、创新工程和精品工程"[4],其自出版以来就备受各方关注。目前,新闻传播学科一共出版了四门课程的"马工程"教材,其中《新闻学概论》已经更新至第二版。过往仅有极少数学者对"马工程"教材相关内容展开研究,陶贤都从传播学的视角分析了当下新闻传播学科"马工程"教材的问题及改进策略[5]。但以上研究均是基于经验总结的方法对"马工程"新闻传播学教材现状及问题的阐释,多属个人感悟,缺乏实证调研。事实上,只有通过实证调研,才能全面地了解"马工程"新闻传播学教材建设的全貌,把握"马工程"新闻传播学教材建设的本质和规律。同时,我国经济形势正在发生新的重大变化,世界格局加速演变的特征更趋明显,为更好地坚持和发展中国特色社会主义,适应新时代新闻传播人才培养要求,应该大力推进"马工程"新闻传播学教材的建设。因此,通过实证调研,总结"马工程"新闻传播学教材建设的成功经验,梳理所存在的

---

[1] 王湛. 落实国家事权的重大战略举措 [EB/OL]. http://www.cssn.cn/jyx/jyx_jyqy/201707/t20170714_3580171.shtml.

[2] 转引自彭国华,杨学博. 为了中央的信任和重托 [N]. 人民日报,2014-01-24(23).

[3] 季正聚,于晓宁. 以新理念新思想新战略指导促进马工程重点教材建设 [J]. 中国编辑,2016(6):37—40.

[4] 蒋承勇. "马工程"重点教材:特色创新精品 [J]. 中国编辑,2018(2):4—9.

[5] 陶贤都. 传播学视角下"马克思主义理论研究和建设工程"新闻传播学教材建设与教学创新探讨 [J]. 教育传媒研究,2019(5):13—15.

挑战正逢其时。

第一节 样本概况和数据采集

为更客观全面地梳理"马工程"新闻传播学教材建设现状，依托新闻传播学类专业教学指导委员会，高校新闻学国家教材建设重点研究基地通过深度访谈和问卷调查相结合的方式，就我国"马工程"新闻传播学教材编写、审读与使用的现状及存在的问题进行研究。

在深度访谈方面，本章选取了我国新闻传播学界52位新闻传播学专家展开深度访谈（以新闻传播学类专业教学指导委员会专家为主），相关专家分布于国内20多所新闻传播院校，如北京大学、复旦大学、华中科技大学、暨南大学、清华大学、上海交通大学、武汉大学、中国传媒大学、中国人民大学等。这些专家具有丰富的一线教学经验，且大多编著过新闻传播学教材，部分学者还是新闻传播学"马工程"教材的首席专家和参与编写专家。鉴于新闻传播学类专业教学指导委员会是由教育部聘请并领导的指导高等学校新闻传播本科教育教学工作的最高专家组织，本研究具有一定的代表性和权威性。

同时，为了深入了解我国新闻传播学科"头部院校"的教材使用情况，本章结合问卷调查展开研究。我国高校开设新闻传播学本科专业数量较多，课题组选择了全国（不含港、澳、台地区）

的100所新闻传播学科"头部院校"。这100所新闻传播"头部院校",包括了2018年学科评估中上榜的新闻传播专业院校53家(8家A,23家B,22家C),未在榜单中的其他985、211高校新闻传播专业16家,以及其他具有较大影响力的新闻传播院校31家。在地域上,覆盖了23个省、5个自治区、4个直辖市的知名高校,包括民族新闻传播院校。总体而言,这100家新闻传播院校代表了我国新闻传播学科教学的整体水平,具有示范和导向作用,基本上可以反映我国"马工程"教材使用的整体面貌。

第二节 研究发现

在调研的过程中,笔者从教材编写、审读和使用出发,主要就"马工程"新闻传播学教材编写团队、内容打磨、覆盖范围、审读机制和统一使用等五个重要方面进行探讨。

一、"马工程"教材编写团队强大,但教材的整体性及协调性有所欠缺

在队伍组建方面,各科目的"马工程"教材经过竞标评审,遴选出的专家团队注重年龄结构和学术影响力。学者刘道玉将教材的编撰者形容成"剧作家"[1]。质言之,新闻传播学专业的教材

_____

[1] 刘道玉.《创造:一流大学之魂》[M].武汉:武汉大学出版社,2009:287.

须由自身的学者和业界专家编撰，才能确保教材的质量[1]。新闻传播学科的"马工程"教材编写团队汇集了当前政府宣传部门、学界和业界的知名专家，他们深耕新闻传播教育或从业于政府宣传部门及媒体数十年，经验丰富，是资深专家。如表8-1所示，目前新闻传播学科的4门课程的5个版本的"马工程"教材的编写团队成员均在8人以上，其中每本教材的首席专家3—4人。强大的编写专家团队为"马工程"教材提供了一定的质量保障。作为某本"马工程"新闻传播学教材的首席专家，受访专家Z25在介绍其组建团队的经验时提到，"我们这本教材的编写团队都是长年在教授这门课的大学老师，并且是四代同堂，年龄范围在40岁—70岁之间"。这一编者阵容体现出新闻传播教育专家队伍人才济济，进一步壮大了马克思主义理论教育队伍，也反映了该课程"马工程"教材首席专家在构建团队时的远见，为该教材的更新出版做好铺垫。

表8-1 "马工程"新闻传播学教材的编者数量

教 材 名 称	专 家 数 量
《新闻学概论》第一版	11
《新闻学概论》第二版	9
《新闻编辑》	8
《新闻采访与写作》	12
《广告学概论》	12

---

[1] 张昆.高校新闻专业教材建设的误区 [J]. 新闻与写作 ,2019(2):64—69.

然而，强大但分散在不同单位的专家团队，为教材编写带来了沟通难题，这导致效率有所降低。受访专家Z29表示，"马工程教材是专家的合作，这会为内容的协调性和整体性方面带来消极的影响"。作为马克思主义理论研究和建设工程新闻学教材专家组成员，受访专家Z8亦发表了类似的观点，并直接指出团队作战编写教材的关键点在于，"每个人负责一些章节，但最后需要由一人从头到尾按照一人的思路和语言习惯进行统稿，这样才能做到一体化，但某些'马工程'教材的编写流程欠缺这一步骤"。受访专家Z2表示，"不同院校专家组织在一起编写教材，协调成本太高，并且极大地降低了教材编写效率"。诚然，体系化教材的编写思想、知识体系构建需要宏观的规划和把握，因此，"马工程"系列不同教材之间、教材内部各章节之间需要形成相对统一的表述，要兼顾同一教材不同章节语言的统一性，同时也要考虑同一系列书籍中的表述协调性。

二、编写修订周期较长，内容的前沿性略显不足

在内容打磨方面，编写专家会继续进行深入研究，充分吸收本学科的已有成果，并通过不同的形式与教材使用者互动，以确定教材的整体框架及具体内容。为此，受访专家Z25领衔的编者团队表示，"我们的教材经过了反复推敲，而且还跑了很多媒体，召开了很多新闻界的专家座谈会，又广泛地听取了高校老师和学生的意见"。同时，在编撰者内部，亦是反复展开探讨，开拓思

路，以求能够最准确、最简洁地将教材内容表达到位。受访专家Z34在参编"马工程"教材时，经常与其他成员"反复探讨，不断打磨"。

教材内容滞后于媒介技术是新闻传播教学中一直存在的问题。作为一门实践属性较强的学科，新闻传播学是新闻传播实践的规律性总结，媒介技术的快速发展，倒逼新闻传播教材不断修订以更新内容、满足教学需求，唯有如此才能培养出适应社会和技术发展的新闻传播人才。但"马工程"教材的生产中有十分严格的"编—审—用"流程，往往使得其生产周期较长。受访专家Z32指出，"存在的问题，主要是不能与时俱进……出版后，社会实践情况和业界前沿科技的发展现状可能已经超出教材所描述的范围"。受访专家Z7亦认为，"因为教材编写周期比较长，所以如何适应变化的媒介环境是一个问题"。受访专家Z5、Z12、Z15和Z28均表达了类似观点。较长的编审流程使得"马工程"教材滞后于当下传媒业发展，内容与当前媒介技术逐渐脱钩，"教材落后于媒介技术发展"这一问题更加突出，为课堂教学带来较大的挑战。

同时，由于"马工程"教材的版次更新速度较慢，很大程度上导致知识结构无法迅速跟上行业发展现状。受访专家Z49认为，"最大的不适应是知识偏老化，中国新闻业的变化是非常大的，中国新闻教育的整个发展态势的变化也是非常大的"。从相关数据来看，《新闻学概论》的"马工程"教材是2009年出版了第一版，11年后，于2020年推出了第二版。在此过程中，新闻业界在智能技术的赋能下发生了巨大变革，新闻生产形式、分发形式、表现形式均呈现出突破性创新[1][2][3]，如人工智能写稿机器人逐渐进入人们的视野。事实上，作为有生命周期的大学教材，经常性且有计划地修订和重新编写是推动教材良性发展的重要途径之一。学者蒋承勇建议，哲学社会科学的教材需要在五年左右进行修订或重编。由此可见，部分"马工程"新闻传播学教材需要更有计划地修订，确保能够为新闻传播教育提供与媒介技术脱节程度较小的教材，但总体来讲，马工程教材庞大的编写流程，很难解决这种矛盾。

三、 高度重视指导思想，"马工程"教材覆盖范围不足

对于体系化的教材编写而言，全面性、综合性地覆盖本学科长期以来所形成的经典知识极端重要，因此"马新观"教材在学科知识体系构建方面需要有相对全面的规划。但就目前教材体系建设情况来看，新闻传播学"马工程"教材远远无法满足新闻传播专业对于人才能力的要求，亦无法匹配相关专业的教学时间。"马工程"教材目前仅涉及新闻传播学科新闻学和广告学两个专业

[1] Belair-Gagnon, V., Owen, T., & Holton, A. E. Unmanned Aerial Vehicles and Journalistic Disruption: Perspectives of early professional adopters. Digital Journalism, 2017, 5(10), 1226-1239.

[2] 王斌. 互联网新闻学：一种对新闻学知识体系的反思 [J]. 编辑之友 ,2020 (8):63—74.

[3] 张涛甫，张大伟. 脱嵌与回归：新闻学教材建设的意识形态考量 [J]. 现代出版，2021(4):9—14.

的四本教材，其他七个新闻传播学专业暂未出版"马工程"教材。受访专家Z33建议，"'马工程'教材编写可以进一步扩大化"。从"马工程"教材内容来看，我国新闻传播事业以马克思主义新闻观为基本指导思想，"马克思主义新闻观教育是新闻传播人才培养体系中的'定盘星'"[1]，从20世纪80年代中期开始，"马新观"教材如雨后春笋般大量涌现，但是《马克思主义新闻观》这门课程的教材仍未纳入"马工程"教材建设的范围。

此外，尤其需要指出的是，根据对100所新闻传播院校的主要课程使用教材的调查，传播学专业外译教材和英文教材的使用比例较高（18.6%），这在一定程度上反映出我国传播学专业教材建设较为薄弱。我国传播学专业开设已有17年的历史，教材的本土化工作应该得到充分的重视。至于数字出版、时尚传播和国际新闻与传播等新开设专业的教材的建设工作也应纳入"马工程"教材建设方案体系，以求更好地服务于国家战略。作为新闻传播学教学指导委员会的专家，受访专家Z2对此现象表示担忧并强调，"我们学科上了很多新的专业，这些新专业都没有教材，所以肯定要抓这些新专业的教材建设"。同样，受访专家Z1更是直接针对一些新开设的专业分析得出，"部分高校已经开设了国际新闻与传播这一专业，但该专业的教材紧缺，无法满足国际新闻与传播人才的培养需求"。因此，新闻传播学"马工程"教材体系的规

---

[1] 强月新，孔钰钦.新文科视野下的新闻传播人才培养[J].中国编辑，2020(10):58—64.

划和完善是提升教材使用率和影响力的重要一环。

四、 教材审读严格,思想性和专业性似有失衡

"马工程"重点教材建设是"一项基础工程、筑魂工程、追梦工程、政治工程"[1]。项目实施以来,各有关部门、单位和专家学者,通力合作、努力攻关,旨在打造精品工程。这一做法广受新闻传播教育者的赞许,受访专家Z11表示,"应该说'马工程'教材总体上投入的确实很大,上上下下用劲也不小"。同时,为了确保"马工程"教材的质量,中宣部和教育部成立了咨询委员会,组织审议专家对教材进行把关。审核把关是保障教材质量的重要方式之一[2]。"马工程"教材体现了国家意志与核心价值观[3],需要从政治思想、专业水平、社会影响和实践经验等方面遴选、组建高水平的审核专家队伍。在教材编写成稿后,既要经过学科专家组的审议,又要通过教材审议委员会的审议,为教材的质量最终把关。虽然受访专家Z7不是"马工程"教材的编写者,但其在谈到"马工程"教材产出的过程时提到,"我知道的身边的那些'马工程'专家,被'折腾'得已经数不清次数了"。由此可见,"马工程"的审核标准是极其严格,甚至是苛刻的。

---

[1] 教育部.及时把习近平新时代中国特色社会主义思想落实到教材中教育部全面修订 96 种马工程重点教材 [EB/OL].http://www.moe.gov.cn/jyb_xwfb/gzdt_gzdt/moe_1485/201802/t20180213_327362.html.

[2] 王晓丽,张珊珊.我国基础教育"教材多样化":进展、问题及建议[J].课程·教材·教法,2021,41(1):16—20.

[3] 蒋承勇."马工程"重点教材:特色创新精品 [J].中国编辑,2018(2):4—9.

"马工程"教材的编写坚持马克思主义新闻观，旨在为新生代新闻舆论工作者铸魂。当前已经出版的四本"马工程"教材在导向性和价值观两个方面得到了学者们的一致认可。受访专家Z8是研究马克思主义新闻观的知名学者，他说道，"所有的新闻传播学科教材，一定要以马新观为指导。如果不解决价值观的问题，不对马新观有深入认识，编出来的教材就会存在大问题。……我非常肯定马工程教材在方向和价值观两个方面的把握"。同时，作为一位多年从事《新闻学概论》教学的一线教师，受访专家Z31直接指出，"我觉得'马工程'的《新闻学概论》教材关于马克思主义新闻观的定义是最全面的，在文字上把关极其严格。所以，这本教材在正统性、基本体例上是很好的，特别是能够给学生提供中国社会主义新闻学理论的基本框架"。过去的很长一段时间，价值教育在新闻传播教育中未得到普遍重视[1]。"马工程"教材的推出，较好地弥补了这一短板，对新闻传播院校学生的思想价值观塑造具有显著的推动作用，为我国新闻传播人才打好"中国底色"。

"马工程"教材的建设既是加强高校意识形态工作的需要，也是学科和教材稳步发展的需要[2]。质言之，编者需要在教材的政治性和专业性之间找到平衡点，做到价值教育和专业教育不缺位。在这方面，受访专家Z6认为，"'马工程'新闻传播学教材第一本

---

[1] 杨芳秀，张涛甫，周勇.关于新闻教育改革的对话[J].新闻战线，2016(11)：34—36.

[2] 蒋承勇."马工程"重点教材：特色创新精品[J].中国编辑，2018(2)：4—9.

就是《新闻学概论》，质量肯定没得说。但是，大家还是觉得过于严肃，不够生动"。受访专家Z49同样表示，"'马工程'教材很好地保证了导向正确，但部分教材在导向与专业性的结合方面没有处理得很好，有点为了导向而导向的意思"。受访专家Z26提出，"'马工程'教材比较强调政治性，这是应该的。问题就是怎样处理政治性和业务性之间的关系，这两个要并重"。

五、"马工程"教材使用统一化，培养层次差异化亟待完善

高等教育教材的管理由国家、地方和学校三级主体构成[1]。作为落实"立德树人"培养目标的重要途径，"马工程"教材的统一使用关系着培养"社会主义建设者和接班人"。根据教育部门的相关规定，凡是"马工程"教材的相关课程，必须把"马工程"教材作为该课程统一使用的教材[2]。各地区、各院校成立相关机构，出台推动政策，普及"马工程"教材的使用。湖南省教育厅成立了专门工作机构，推进全省高校"马工程"教材的统一使用工作[3]。西北师范大学则通过学校教务处发布《关于进一步规范"马

---

[1] 刘学智，丁浩然.我国高等教育教材制度：沿革、问题与路径 [J]. 东北师大学报 (哲学社会科学版),2020(2)：140—147.

[2] 教育部.中共中央宣传部关于高校哲学社会科学相关专业统一使用马克思主义理论研究和建设工程重点教材的通知 [EB/OL]. http://jwc.njust.edu.cn/_upload/article/files/a6/ed/f01b3b5d4a8b8f7b6f1ba99c8919/2fe92227-bba9-400f-8057-8ae5d848a047.pdf.

[3] 具体见教育部发布的一线采风《湖南省扎实推进"马工程"重点教材统一使用》，http://www.moe.gov.cn/jyb_xwfb/s6192/s222/moe_1750/201606/t20160615_267609.html。

工程"教材统一使用工作的通知》，以落实"马工程"教材的选用工作[1]。

在"马工程"新闻传播学教材的使用方面，受访专家Z30作为学科评估为A的新闻传播院系的院长，在介绍其所在学院做法时说，"只要有'马工程'的教材，都要求用'马工程'教材"。同样，与新闻传播学科有交叉的课程，亦采用了"马工程"教材。受访专家Z22是一所学科评估为B的新闻传播院系的院长，他表示，"新闻传播学已经出版的马工程教材我们都在用，包括'新闻学概论'等新闻传播的专业课程。同样，'社会学概论'等这类通识课程我们也用"。从具体授课教师反馈来看，受访专家Z16表示，"我按照要求在讲授'新闻学概论'时，使用'马工程'教材"。此外，有些专家认为学生对"马工程"教材的接受意愿整体较高，如受访专家Z35谈道，"学生对于'马工程'教材是有一定敬畏感的"。从访谈来看，各新闻传播院校无论是行政领导，还是一线教师（如授课教师和学生）均将统一使用要求落实到位。

与此同时，"马工程"教材未能兼顾不同院校的生源结构，相关规划亟待完善。"'马工程'教材是国家意志、核心价值观的集中体现。"[2]"马工程"教材的统一使用有利于培养学生对国家意识形态和主流价值观念的认同感，这是成为合格的新闻舆论工作者

[1] 具体见西北师范大学教育处, https://jwc.nwnu.edu.cn/2020/1028/c1203a 151852/page.htm.

[2] 蒋承勇."马工程"重点教材：特色创新精品 [J]. 中国编辑, 2018(2):4—9.

的基本条件。教材是国家人才培养要求的内容载体，而教师的课堂教学实践是落实人才培养要求的主要途径[1]。不同地区、层次和类型的学校在师资力量、培养目标、软硬件设施等方面存在较大的差异，使得当下的"马工程"教材在使用中也面临一些挑战。来自一所外语类高校的受访专家Z41认为，"每个高校的背景不一样，有些高校是综合类的，有些是偏传播的，有些是偏外语的，有些是偏财经的"。但是，由于目前国家教育部门对"马工程"教材的使用规定，相关课程教师在选择教材时没有其他选项，这在一定程度上无法满足各高校，尤其是不同类型和层次的新闻传播院系差异化培养目标的需求。如受访专家Z31所述，"因为'马工程'教材是一个统编教材，面向全国所有院校的学生。它对985高校的学生来说深度肯定不够"。受访专家Z11以《新闻学概论》（第一版）为例，指出"它是一本非常全面的教材，没有遗漏知识点，但就是一些知识点的论述较浅"。由此可见，"马工程"教材的使用既要保证其在新闻传播院系教学实践中的国家事权地位，又要结合不同层次院校的实际进行差异化调适，使之互相匹配。

统一化的教材使用和差异化的培养目标协同，不仅需要依托教材内容本身，也需要教师在教学过程中充分发挥主观能动性，积极利用经典文献、经典案例以凸显授课内容的灵活性和针对性。

---

[1] 程良宏，黄晓茜.统编教材的载体属性及其学校化实施 [J].课程·教材·教法，2020，40(11)：28—35.

受访专家Z39提出，"使用'马工程'教材的同时，要配合使用一些经典文献，以解决深度不足的问题，拓宽学生视野"。通过对100所新闻传播"头部院校"的教材使用情况调查发现，教师通常会采用"1+X"的教材使用模式，即1本课程核心教材（"马工程"教材）辅之以X本辅助教材或其他阅读材料。例如，受访专家Z31教授"新闻学概论"多年，她介绍经验时说，"我基本上以'马工程'教材为框架，然后添加大量的辅助文献材料"。目前，这一模式在中国人民大学、中国传媒大学、复旦大学和华中科技大学等多家头部新闻传播院校广泛使用。这些学校使用本校教师编写的新闻传播专业教材的比例均在30%以上，有的新闻传播院校的本校教材使用比例甚至达到了70%。当然，在"X"的选择上，存在着不同程度的"本校意识"，即优先使用本校教师编写的教材。产生这一现象的积极原因在于"本校教材"符合学校教育目标，消极原因可能是"自产自销"的利益考量。

此外，部分一线教师在教学过程中，因为担忧无法领会教材的基本精神，不敢对"马工程"教材进行二次开发利用，故而形成"教教材"而非"用教材教"的教材使用观，出现受访专家Z30所说的"照本宣科"现象。当然，现实中亦存在教师随意拓展、脱离教材任意发挥的情况，既非"教教材"，也非"用教材教"。这两种情况均是教师对教材的核心要义把握不准的表现，更表明培训和提高教师对教材内容的把控能力至关重要。

第三节　思考与建议

"马工程"教材建设是长期的战略工程，只有进行时，没有完成时[1]。调研发现，通过组建全国知名专家学者编写团队、静心打磨内容及严格的审读，"马工程"新闻传播教材的质量得到了新闻传播教育同行的广泛认可；在教育部、地方教育行政部门、高校和学院的共同努力下，"马工程"教材统一使用政策逐步推行。当然，也有一些影响建设进程的不足之处有待优化和解决：思想性和专业性略微失衡、教材覆盖范围不足、编写及出版周期较长、教材的整体性及协调性欠缺、教材统一使用无法满足学校差异化人才培养要求。据此，新闻传播学"马工程"教材建设可以从以下四个方面进行优化。

一、　在教材价值引领层面，继续坚持马克思主义新闻观的"定盘星"地位，打造思想性和专业性统一的教材

"马工程"教材建设的重要目的在于充分反映马克思主义中国化的最新成果，充分反映中国特色社会主义的丰富实践[2]，落实于新闻传播学科，体现为坚持马克思主义新闻观，用中国特色社会

---

[1] 转引自彭国华，杨学博.为了中央的信任和重托[N].人民日报,2014-01-24(23).
[2] 李允."马工程"教材推进加速[N].中国出版传媒商报,2017-09-22(2).

主义新闻理论教书育人。习总书记指出，"新闻观是新闻舆论工作的灵魂"[1]。新闻传播学"马工程"教材作为铸魂工程，是新闻传播人才熔铸正确新闻观的关键途径。研究发现，当前新闻传播学"马工程"教材在马克思主义新闻观的落实方面得到学界专家的一致认可。

党的十八大以来，习总书记关于新闻舆论工作的重要论述是马克思主义新闻观的新发展，是新时代高等学校新闻传播教育改革发展的根本遵循和行动指南[2]。世界格局加速演变，意识形态领域的斗争更加激烈，我们更应当坚持以马克思主义中国化最新理论成果武装教材，武装头脑。在坚守马克思主义新闻观的基础上，新时代新闻传播学"马工程"教材建设应将推进习总书记关于新闻舆论工作的重要论述进教材作为首要任务，在教材建设的政治使命上做到"守正"与"创新"，有力推动党的最新理论成果进教材、进课堂、进头脑。

二、 在教材编写审读流程，扩大教材建设覆盖面，凸显学科地位，优化专家团队组建模式，提升教材质量

新闻传播学科下设9个本科专业。在课程设置方面，专业基础课程除概论类课程外，还包括伦理法规、马克思主义新闻思想

---

[1] 习近平. 在党的新闻舆论工作座谈会上的讲话 [N]. 人民日报 , 2016-02-20(1).
[2] 教育部. 中共中央宣传部关于提高高校新闻传播人才培养能力实施卓越新闻传播人才教育培养计划 2.0 的意见 [EB/OL]. http://www.moe.gov.cn/srcsite/A08/s7056/201810/t20181017_351893.html.

及研究方法等课程,专业核心课程则建议依据各专业教学目标,开设8—10门专业必修课[1]。可见,新闻传播学的学科体系及课程体系庞杂丰富,核心课程门类多元。"马工程"建设的重要目标之一,是"基本涵盖哲学社会科学各专业的专业基础课程和主要的专业课程"[2]。但当前新闻传播学"马工程"教材仅覆盖了新闻学与广告学两门专业的四门课程,与工程建设目标仍有较大距离。新闻传播学在哲学社会科学中地位日益重要,扩大"马工程"教材建设范围是应然之举。

过去"马工程"教材仅由国家组织编写。首先,为盘活现有优质教材的存量,有效利用既有资源扩大出版范围、提高出版效率、提升教材质量,应该增加公开遴选、审核认定的方式,并且将公开遴选审核的教材建设流程优化为"用—评—编—审"。通过构建科学教材评价体系,遴选现有优质教材,对遴选出的现存优质教材进行再编审。这一流程一是有助于加快建设进度。在已有基础上尽快完成"马工程"教材建设"大范围覆盖"。二是有助于增强审读的针对性。重点对遴选出来的教材进行审读,可以极大地节省审读的时间和精力。三是有助于"马工程"教材的推广使用。评价在先且遴选出的教材一般都有较好的市场占有率,再编审后推广使用更容易被各院校接受。其次,对于学科专业性较

---

[1] 具体见内部资料《新闻传播学类教学质量国家标准》。
[2] 季正聚,于晓宁.以新理念新思想新战略指导促进马工程重点教材建设[J].中国编辑,2016(6):37—40.

强、确有必要编写但目前基础较薄弱、建设周期相对较长的教材，国家应该以扶持培育建设的方式进行。国家组织编写、公开遴选审核认定和扶持培育建设三种路径并行，可以有力扩大"马工程"新闻传播学教材覆盖范围。同时，"马工程"现有教材的编写团队成员分布于各新闻传播院校或宣传行政部门，不便于沟通交流，也不利于教材的整体性和协调性。在新一轮的"马工程"教材建设中，组建团队可由一个学科评估评分在A以上且在该领域有悠久传统和雄厚实力的新闻传播院校担当。这样可节省沟通成本，加强教材的整体性和协调性，也有利于教材的传承和版次更新。

三、 在教材使用审核环节，加强一线教师培训，实现"用教材教"，推广"1+X"教材使用模式，培养不同类型的新闻传播人才

为提升一线教师的教学质量，当下已经构建了中央、地方和高校的三级"马工程"教材培训体系，受众面较广。但在调研中，笔者仍然发现一线教师培训的力度较小，离常态化有一段较大的距离。这使得大量使用"马工程"教材的新闻传播学教师难以"吃准吃透教材的主要精神和基本内容"[1]，进而阻碍其教学能力和水平的提升。"马工程"教材符合统编教材"由国家和政府统一组

---

[1] 教育部. 关于举办教育部第十、第十一期马克思主义理论研究和建设工程重点教材任课教师示范培训班的通知（教材局函 2019[12] 号)[EB/OL]. http://www.hnwu.edu.cn/ewebeditor/uploadfile/20190315002433450.pdf.

织编写和审定、全国统一出版和使用"[1]的特征，作为国家意志具有极高的权威性。这使得部分教师在授课时，担心自己对教材的基本精神领会不到位，倾向于采用"教教材"的方式规避风险[2]。在"教教材"的教材使用观下，教师照本宣科，虽一定程度尊重了教材价值，但无法发挥教师自身能动性，教学质量因此受到严重制约，教材价值也因此无法充分彰显。因此，应采用更为灵活、多元方法，如定期通过线上与线下相结合的方式进行培训，以开展更大规模、更为深入的新闻传播学"马工程"教材授课教师培训。同时，也可以通过组织全国或地方性的相关课程的讲课比赛、备课竞赛等形式多样化的比赛，激发教师备课和讲课的热情，实现"用教材教"的目标，提升教学质量。

调研发现，"马工程"教材的统一使用较难满足各新闻传播院校的差异化培养需求。在教育部教材局指导下，以新闻传播学类专业教学指导委员会委员和高校新闻学国家教材建设重点研究基地研究人员为支撑，建立新闻传播学科课程教材审读委员会，以新闻传播学教材评价指标体系为抓手，落实"凡选必审""凡用必审"的要求，对现有的新闻传播学教材进行审读、评价。在此基础上，遴选出每门课程的建议教材名录，供教师和学生使用，逐步推广"1+X"教材选用模式，尤其要注重不同层次、类型的新

---

[1] 郭戈.统编教材是新时代的必然要求 [N].中国教育报,2019-12-26(6).

[2] 程良宏，黄晓茜.统编教材的载体属性及其学校化实施 [J].课程·教材·教法，2020,40(11):28—35.

闻传播院校人才的差异化培养目标，为已有"马工程"教材的课程列出"X"，解决学科"知识共识"和人才差异化培养问题。

四、 在教材修订周期方面，确保国家标准及制度规范，倡导"立体化"教材建设，推动内容与时俱进

为确保教材质量，"马工程"建设周期整体较长，这使得教材出版及更新速度较慢，知识结构无法迅速跟上时代发展需求。在"鱼和熊掌不可兼得"的情况下，应该以坚持落实国家标准及制度规范为前提，有领导、有计划地对"马工程"教材进行更新，力求做到教材质量与出版速度的两翼齐飞。

同时，为确保教材内容与时俱进，完善新闻传播学"马工程"教材配套教学资料建设，构建"立体化"新闻传播学"马工程"教材资源体系，是合理路径之一。相较于其他哲学社会科学学科，新闻传播学具有较强的传播技术敏感性，人才培养与教学实施更需要与现代科学技术的运用紧密结合[1]，因而新闻传播学"马工程"教材立体化建设需求尤为迫切。教育部门和出版社均可开发共享的数字资源，尤其是最新的新闻传播实践案例库，推动"立体化"教材不断更新，满足新闻传播院校培育人才的知识"时效"需求。各高校亦可根据专业培养目标，开发校内的教学数字资源，满足人才培养需求。

---

[1] 蔡雯.新闻传播人才培养模式观察与思考[J].国际新闻界,2003(1):67—73.

第四节　本章小结

深度访谈和问卷调研表明，在中宣部和教育部的指导下，"马工程"新闻传播学教材在编写质量和统一使用方面均取得了较好的成效，但也存在着一定的问题，如思想性和专业性略微失衡、教材覆盖范围不够、编写出版周期较长、教材的整体性及协调性不足与教材统一使用无法满足学校差异化人才培养等。值得指出的是，这些问题并非仅存在于"马工程"教材，其他教材亦存在类似的问题，甚至如教育部教材局田慧生局长所言，"当前教材建设的总体质量离党和国家的要求，离人民群众对更高水平、更加优质教育的期盼，离学生的多样化需求还有相当大的距离"[1]。质言之，高校新闻传播学教材的建设之路"任重"且"道远"，吾将上下而求索。

---

[1] 田慧生.新时代教材建设的若干思考[J].课程·教材·教法,2019,39(9):4—6.

第九章

新闻传播学教材高质量发展：基本原则、主体任务与保障机制

习近平总书记强调，要坚持把高质量发展作为各级各类教育的生命线，加快建设高质量教育体系。这一总体要求也适用于教材建设，教材是教育的核心要素。对于新闻传播学科而言，深入贯彻落实习近平新时代中国特色社会主义思想，梳理总结改革开放以来，特别是新时代以来我国新闻传播事业发展的丰富实践，以高质量教材体系建设推动中国特色新闻传播学理论体系构建，是学界亟待思考和解决的重大问题。本研究通过扎根理论分析，尝试明确教材建设的重要方向，意在提出推动新闻传播学教材高质量发展的建议。

第一节　文献综述：教材高质量发展的内涵与路径研究

教材建设是铸魂育人工程。高质量发展对于教材建设事业而言，既是现实所需，也是必然要求[1]。学界教材高质量发展相关研

---

[1] 郝志军，王鑫. 加快形成中国特色高质量教材体系——习近平总书记关于教育的重要论述学习研究之三 [J]. 教育研究，2022,43(3):4—14.

244　|

究重点从两个方面展开。

一方面，学者围绕时代内涵着重进行阐释，提出"培根铸魂、启智增慧"是高质量教材的时代内涵[1]。具体而言，教材要始终坚持以人民为中心的理念，要满足人民群众日益增长的对于美好教育的需要[2]；应该服务国家发展大局，应该落实党中央对教材建设的重大决策部署[3]，应该推进习近平新时代中国特色社会主义思想进教材[4]。

另一方面，学界认为高质量教材应该锚定历史方位，明晰未来图景和完善制度保障[5]，并需要扎实做好教材建设研究工作[6]。在此基础上提出内容升级、业态创新和国际交流等三个教材高质量发展具体路径。具体而言，内容升级必须依托于精品内容生产和人才培养机制的优化，在坚持正确育人导向的基础上，严把学术关，充分反映学科专业最新进展和中国教育改革最新成果，并组建优质高效的教材编写队伍，从根本上保障教材质量[7]。在业态创

[1] 张文，刘艳琳.论新时代教科书的高质量发展[J].湖南师范大学教育科学学报，2022，21(5)：110—117.

[2] 黄强.用心打造精品教材助力教育高质量发展[J].中国编辑，2021(9)：4—9.

[3] 刘复兴，曹宇新.建设新时代中国特色高质量教材体系[J].中国高等教育，2022(Z3)：24—26.

[4] 教育部.国家教材委员会关于印发《习近平新时代中国特色社会主义思想进课程教材指南》的通知[EB/OL].[2023-08-15].https://www.gov.cn/zhengce/zhengceku/2021-08/25/content_5633152.htm.

[5] 刘学智.新时代高质量教材体系建设的着力点[J].课程·教材·教法，2023，43(2)：21—23.

[6] 谭方正.加快建设中国特色高质量教材体系的根本遵循、核心向度与实践理路[J].中国编辑，2023(6)：4—10.

[7] 张政文，王维国.新文科建设高质量发展研究[J].新文科理论与实践，2022(2)：52—58+125.

新层面，大量学者认为，媒介技术迭代为教材出版带来了诸多可用的新技术，如虚拟现实技术、人工智能技术等，推动传统出版与新兴出版在内容、渠道、平台、经营、管理等方面深度融合与转型升级，是新时代教材建设高质量发展的必经路径之一[1]。与此同时，教材需立足于新发展格局，提升教材的国际影响力，通过构建国际平台，刺激出版主体"走出去"产生集体效应[2]，并依据不同学科及教材建设现状，翻译多语种教材，制定特色化的"走出去"策略[3]。

作为哲学社会科学的支撑学科之一，新闻传播学的教材建设工作历来受到学界和业界的重视。整体来看，当前新闻传播学教材数量众多，但在质量方面暴露出一些亟待解决的问题，如内容较为陈旧、重复现象较为严重[4]。尽管历经严格的编审过程，"马工程"新闻传播学教材仍然不可避免地出现思想性与专业性略微失衡、整体性及协调性不足等问题[5]。同时，也有学者试图对新闻传播学教材出现瑕疵的深层次原因进行分析，发现选用制度不健

[1] 王天平，闫君子．新课标下数字教材建设的逻辑、体系及策略 [J]. 现代远程教育研究，2023,35(4):47—55.
[2] 刘孟淳．教育出版物"走出去"的探索与实践——以江西教育出版社中加合作项目为例 [J]. 出版广角，2018(7):40—42.
[3] 周卓，戚德祥．基于提升国际传播能力的出版走出去互联网生态构建 [J]. 中国出版，2021(17):42—46.
[4] 周根红．高校教材出版现状与高质量发展路径——以新闻传播类教材为例 [J]. 中国出版，2019(3):18—20.
[5] 谢兴政．高校"马工程"新闻传播学教材建设探讨 [J]. 新闻大学，2021(9):28—39+117.

全[1]、质量保障机制缺乏和编者动力不足等是关键因素[2]。因此，从宏观层面来看，破解中国新闻学教材建设难题，须从意识形态逻辑、教育逻辑和知识逻辑三者结合的维度，以问题为导向，寻求问题的系统解决和根本解决；从微观层面来看，科学的评价体系对教材建设具有基础性、引导性作用，可让激励手段发挥最大效用。据此，张大伟和王梓融合新闻学与教育学理论成果，尝试构建了国内第一个系统完整、层次清晰、学理依据充分的新闻学专业实践型课程教材评价指标体系，回应加强新闻学教材编写、完善新闻学教材建设的时代需求[3]。陈莹和王楠亦指出，要提升知识更新速度，运用融合型知识解决业界实践中遇到的新问题，构建硕士人才复合型知识体系，以适应时代发展与出版业态变革[4]。

现有研究对新闻传播教育有着建设性意义，有力促进了我国新闻传播教育改革。既有教材建设高质量发展的相关研究，已敏锐意识到高质量发展这一表述对教材建设业发展的指引作用，也大略感知到高质量发展作用于教材建设业的主要变革方向，但整体上仍将高质量发展看作政治层面的外部要求，对高质量发展的内涵逻辑理解尚浅，对长期困扰教材建设业发展的关键障碍也抓

[1] 张涛甫，张大伟.脱嵌与回归：新闻学教材建设的意识形态考量 [J]. 现代出版，2021(4):9—14.

[2] 张昆.高校新闻专业教材建设的误区 [J]. 新闻与写作，2019(2):64—69.

[3] 张大伟，王梓.新闻学专业实践型课程教材评价指标体系创新研究 [J]. 新闻大学，2021(9):1—15+116.

[4] 陈莹，王楠.编辑出版学硕士研究生需要什么样的知识体系——基于国内部分高校编辑出版学硕士研究生必读书目的内容分析 [J]. 出版科学，2021，29(4):5—13.

取无力。尤其对于新闻传播学科而言，教材建设高质量发展作为一个极具中国本土特色的问题域，要想解决当前教材建设中存在的问题，仍需全面而系统地开展相关研究，从基本原则、主体任务与保障机制等三重面向，厘清新闻传播学教材高质量发展的关键环节，为高质量新闻传播学教材体系建设提供强大动能。

第二节　研究设计：焦点小组访谈与扎根理论相结合

当前国内关于新闻传播学教材的实证研究较为缺乏，因此本研究具有较强的开放性和探索性。作为理论探索和模型构建的常用方法，扎根理论适合本研究。扎根理论是一种社会科学研究中主流的分析方法，它具有规范化的资料分析流程，即通过开放式编码、主轴式编码和选择性编码三个流程，归纳总结反映研究对象本质的核心范畴，并厘清核心范畴的相互关系，进而实现理论创新和模型构建。

新闻传播学教材建设这一宏大命题，需要权威专家学者群策群力，贡献智慧。据此，2021年7月至2022年10月，高校新闻学国家教材建设重点研究基地组织召开新闻传播学教材建设线下与线上系列研讨会，主要就新闻传播学教材建设进行讨论，最终获取100个有效样本。他们均为来自全国新闻传播学头部院校、主流媒体或知名出版机构的权威专家学者。在分析中，根据序号—性别—姓名首字母进行编码，最终呈现为01—F—CCF、02—M—CJY等。

　　经过开放式编码，我们累计获得2 614个参考点，经过标签归纳功能进行重组合并，完成概念化操作，删除频次小于3的初始概念，提取出13个范畴和59个概念。在主轴式编码的过程中，笔者围绕"如何推动新闻传播学教材高质量发展"这一核心命题，对13个范畴的相互关系和逻辑次序进行对比和探索分析，提炼出新闻传播学教材建设基本原则、主体任务和保障机制3个主范畴（见表9-1）。基于选择性编码，笔者分析得出主体任务是本章议题的核心所在，基本原则和保障机制分别从价值导向层面和现实层面为其提供引领和保障。主体任务指向新闻传播学教材建设的总体目标和重点内容，直接决定了教材的质量。作为新闻传播学教材建设的基本遵循和指导方针，基本原则为主体任务的开展提供了宏观导向和基本准则。基本原则是由学科发展的时代背景和现实意义共同决定的，既是主体任务得以有效落实的指导方针，亦是构建保障机制的重要依据。保障机制则为主体任务的落实提供支撑条件和后备力量，通过政策法规、配套经费、人才智库、出版机构等多元力量的合理配置和高效整合，深入贯彻基本原则，加速主体任务的推进和落实。

表9-1　主轴式编码结果

主范畴	范　畴	范　畴　内　涵
基本原则	彰显中国特色	新闻传播学教材建设需立足中国语境，提炼中国理论，反映中国实践，从建设思路、价值导向、理论视角、内容编写、表现形式等多重维度凝聚本土特色，尤其注重总结我国领先于世界的先进理论成果

（续 表）

主范畴	范 畴	范 畴 内 涵
基本原则	兼具世界眼光	新闻传播学教材建设应以百年未有之大变局和构建人类命运共同体为时代背景，建立全球视野，充分吸收世界公认的知识和价值，助推中西方新闻传播学交流互鉴
	服务学科发展	充分发挥教材在学科建设中的基础功能，落实概念、话语、理论、专业和学科的规范与发展，推动新闻传播学自主话语体系、学科体系和学术体系的构建
	立足产业前沿	着眼新闻传播产业的新技术、新形态和新模式，重点关注专业新闻机构内部生产方式及全球媒介实践格局变化，探索与总结新知识、新理论和新规律
	强化育人功能	面向人才培养目标，遵循人才培养规律和教育规律，重视教材在学生价值观培育、专业知识学习和实践技能获取方面的正向功能
主体任务	摸清建设家底	系统开展一手数据调研和二手资料整理，全面摸清我国新闻传播学教材发展现状，为教材编写工作开展奠定基础
	完善教材体系	新闻传播学教材建设应当以《普通高等学校本科专业目录》为基础，构建覆盖新闻传播学科下设所有专业，兼及历史类、理论类和实务类内容的教材体系
	拓展配套资源	积极开发数字化为主、多元形态并包的新闻传播学教材辅助资料、在线课程、数据库和相关衍生产品，加快推动本学科教材和教育数字化转型
保障机制	强化教材管理机制	新闻传播学教材建设需要设立直属管理部门，明确各管理部门职能，规范管理方式，教育部国家教材基地统筹管理、专业教学指导委员会分类指导、相关院校协同监管、明确主编责任制度，以确保管理机制的高效运转

（续　表）

主范畴	范　畴	范　畴　内　涵
保障机制	明确教材规划机制	全面优化新闻传播学教材顶层设计，对教材建设方式、重点内容和资源配置等维度进行宏观部署和战略安排
	健全教材编写机制	创新编写机制，合理组织编写团队，融合跨界、跨学科专家，优化团队成员年龄结构，有效实现成员间优势互补
	完善教材审评机制	针对新闻传播学教材开展意识形态审核、内容把关和整体质量评价等一系列评估工作，以确保政治导向和总体质量符合国家要求和社会需要
	拓展条件保障机制	优化外部资源整合与配置，持续拓展能够有效支撑新闻传播学教材发展的外部力量，具体包括人力、物力、财力等有形资源和政策资源、学科专业资源、市场资源、社会影响等无形资源

第三节　基本原则：以服务国家重大战略为导向

建设原则是受访者最关注的问题域。作为教材建设的重要遵循，基本原则关涉新闻传播学科和新闻传播教育的本源、根基、本质、方向和原则，其目的在于明确建设意义，合理规划发展目标[1]，为新闻传播学教材的规划、编写和使用指明方向。

---

[1] 周琦，肖瑛.高校教材建设的目标与原则 [J].中国大学教学，2004,(12):50—52.

明确的教材建设基本原则能够有效规范教材规划、编写、使用、评价等多重环节，是助推本学科教材高质量发展的重要力量。专家从多年教育教学经验出发，围绕国家战略、社会发展、学科建设、产业需求等维度，对教材建设工作的纲领性要求展开论述。广受学者们关注的基本原则包括彰显中国特色、兼具世界眼光、服务学科发展、立足产业前沿和强化育人功能。以上原则深刻体现了新闻传播学教材服务国家战略发展的时代使命[1]，指明了新闻传播学科发展的内在需要，更凸显了本学科在社会互动中的重要地位。

一、彰显中国特色：回应本土化的核心命题

彰显中国特色是新闻传播学教材主体意识的集中体现，有效回答了"如何实现新闻传播学本土化"这一关键命题。"本土化，是要在教材内容方面，反映本土的实践状态、话语表达和思维方式，体现中国特色、中国气派和中国精神。"（88—M—ZMX）专家对于"彰显中国特色"的解读包含三大层次。首先，彰显中国特色的根本在于坚持中国立场，尤其需要重视价值导向的正确性[2]，有专家强调，"新闻学教材建设必须把握好意识形态导向，即知识的选取、组织与呈现要以体现国家意志为前提"（62—M—

---

[1] 张涛甫，张大伟.脱嵌与回归：新闻学教材建设的意识形态考量 [J]. 现代出版，2021(4):9—14.

[2] 郑保卫.构建更具主体性、创造性的中国特色新闻学 [J].新闻与写作，2021(7):1.

WGY）。其次，总结本土经验[1]。长期以来我国开展了丰富的新闻传播实践，教材理应对此进行充分总结，切实做到"基于社会发展的潮头，更有自信地总结中国实践，提炼中国智慧"（26—M—HH）。最后，强调教材主体性的落脚点在于指导本土实践[2]，一方面，我国新闻传播实践具有鲜明的本土特色，需要更具针对性的理论进行指导；另一方面，当前我国互联网和数字媒介发展领先于全球，通过教材系统总结成功经验，有利于培养深谙本土实践经验的专门人才，"如果没有将根植于本土的新闻传播实践和思想脉络完整地、成体系地、科学地呈现给学生，就无法让他们用好这种工具研究中国的新闻传播实践"（88—M—ZMX）。

二、 兼具世界眼光：助力文明互鉴的必然要求

兼具世界眼光要求新闻传播学教材具有面向世界的"大格局"，既能体现国际前沿领域发展，反映世界人类文明的先进成果，又能凸显学科发展的国别差异和本土优势[3]。在构建人类命运共同体和促进文明交流互鉴的时代背景之下，中国正走向世界大舞台的中心，新闻传播学教材需树立"文明自觉"。扎根分析显示，构建全球视野、观照国际前沿和助推文明互鉴共同构成了

[1] 刘洁，高坤.超越空间：再论中国新闻学的本土化问题[J].现代传播（中国传媒大学学报），2021，43(3)：48—53.

[2] 周彤，张大伟.社会学本土化论争对中国特色社会主义新闻学建设的启示[J].编辑之友，2023(2)：53—61.

[3] 胡正荣，王天瑞.实践：中国自主新闻传播学知识体系的源头与出路[J].国际新闻界，2022，44(11)：6—24.

"兼具世界眼光"这一基本原则。"构建全球视野"是从格局和视野层面出发，专家认为，"所谓的面向世界就是必须要和国际学术界形成有效的学术对话，这一定是在整个国际的、人类的知识体系架构当中进行讨论"（35—M—LSQ）。"观照国际前沿"强调教材内容需体现世界范围内的前沿理论和实践经验，"要反映人类文明的先进成果，及时体现国内外科学技术的最新进展，特别是5G技术、人工智能技术、大数据、物联网等新闻传播应用场景方面的成果"（74—M—YSJ）。"助推文明互鉴"旨在发挥新闻传播学教材作为文明互鉴推手的作用，诚如专家所言，"新闻传播学日益呈现出全球化趋势，教材建设应当服务于文化交流互鉴、讲好中国故事、传播好中国声音、构建人类命运共同体"（36—M—LRP）。

三、 服务学科发展：打造三大体系的重大抓手

服务学科发展集中反映了教材作为学科知识载体的属性[1]，因此，教材质量直接关乎学术成果转化与学科整体发展。据此，专家们主要围绕7个维度展开论述。第一，坚持问题导向。清晰的研究问题和明确的问题意识是学科得以确立的关键所在，因此，新闻传播学教材作为学科发展的重要一环，需要"从寻找中国新闻学建设的问题开始，确认和论证这些问题，提出解决思路、举措、办法，切实推动问题的根本解决和目标的最终实现。要把教

---

[1] 王攀峰，邓文卓. 我国学科教材话语体系的发展与建构 [J]. 中国教育学刊，2022(12)：45—51.

材建设作为突破口，攻关制胜，收全局之利"（59—M—TB）。第二，彰显理论创新。理论创新是我国新闻传播学发展的源头活水，有受访专家要求"教材建设的思维和视角必须要与时俱进，创新思维必须要贯穿在整个过程，要坚持理论创新"（37—M—LHG）。第三，凝聚话语体系。注重总结身处时代变革和技术革新之中的新闻传播学话语体系，"这客观上要求我国新闻传播学者进行创新探索，建立一套与新时代发展相适应的话语体系"（6—F—CML），为完善学科体系和学术体系奠定基础。第四，完善学科体系。有学者在探讨教材和学科的关系时指出，"教材是流，学科是源，教材体系来自学科体系、反映学科体系，教材体系也能优化学科体系、改善学科体系"（83—M—ZGL），这对年轻的新闻传播学科尤为重要。第五，构建学术体系，教材的基本功能在于总结本学科公认的理论知识和实践成果，这是构建学术体系的核心部分，因此，"新闻学教材建设是构建并夯实具有中国特色新闻学术体系的重要载体"（49—M—QYX）。第六，体现学科规范。即新闻传播教材建设必须强化规范性和严谨性，杜绝主观随意，学者们分别从编写规范和学术规范等维度进行具体要求，如"编写规范方面，做到遣词造句正确准确，文风朴实，文字清晰；布局谋篇，详略得体；篇章结构，完整严谨"（68—M—WTJ）。第七，反映学科变化，尝试解决当前我国新闻传播学教材内容滞后的突出问题，"编写贴近时代，追求前沿的新闻传播学教材"（40—M—MJ）。

四、 立足产业前沿：紧跟技术变革的重要举措

立足产业前沿的原则集中体现了新闻传播学知识的实践性和发展性，尤其伴随着数字媒介崛起，技术变革已经成为新闻传播学科发展的主导因素，教材不仅应当关注既有新闻生产和传播模式的变革，更需要留意人类社会信息生产、获取、传递和整合等全流程的重塑[1]。专家们普遍认为，立足产业前沿既要紧跟产业变革，"要有足够的产业问题应对和产业实践的针对性，要将媒体产业前沿的思想、方法纳入教材中"（29—M—HSM）；又要坚持实践导向，利用教材总结实践、指导实践，如通过"与业界资深记者或编辑深入合作"（30—M—JF）等手段实现。

五、 强化育人功能：落实立德树人的关键要素

从教材的核心功能出发，新闻传播教材建设既是立德树人的基础工程，也是人才培养的重要抓手[2]，需要与教师和学生两大受众群体形成深层互动，进而深化教育教学改革，落实教育强国建设。具体来看，专家们将教材在"强化育人功能"方面需遵循的原则细化为六个维度。其一，落实立德树人。新时代以来，党中央高度重视教材建设工作，教材是落实立德树人的基础工程，新闻传播学科亦不例外。有学者明确指出，"立德树人应当成为新闻学教材建设的

---

[1] 张涛甫，易若彤.变革与重塑：新闻学研究的转向和未来[J].当代传播，2021(3):16—22.
[2] 罗云.关于学科、专业与课程三大基本建设关系的思考[J].现代教育科学,2004(5):32—34.

出发点和落脚点"（8—M—DSG）。其二，服务卓越人才培养。从教育学视角来看，"新闻传播学教材是人才培养体系的重要组成部分，框定了人才培养体系的基本知识结构"（77—M—YX），在新媒介和新传播格局下，新闻传播学需要编写出适应行业变化的人才培养要求的教材。其三，对接受众需求。好的教材需要建立"受众思维"，充分了解使用对象的心理及行为，有学者将其描述为教材的"亲和性"，即"教材和学生的使用行为高度结合"（90—M—ZXF）。其四，打造专业化教师队伍。教材与教师之间存在着紧密的双向互动关系，教师是优秀教材的主要编写者和使用者，优秀教材亦能为教师队伍整体水平的提升带来助益，有专家们认为，教材建设应当"为新闻传播学教师队伍的专业化发展，以及教师教育的质量提升提供有力支撑"（65—F—WXH）。其五，引领教学改革。高校教学改革持续深入，新闻传播学科国家规划教材、高校规划教材层出不穷，应当成为教学改革的关键环节，如"世界范围内慕课与在线教育的建设、应用和共享，促进可持续发展教育目标的实现"（87—M—ZL），体现了数字化教材在教学改革中的重要作用。其六，遵循教育规律。作为新闻传播教育的核心要素之一，教材建设不能脱离一般教育规律，其目的在于"创造一个社会重视教育、高校重视教学、老师重视教材的文化氛围"（82—M—ZDY）。

第四节　主体任务：以打造优质教材体系为任务

科学合理地规划教材建设工作方式和内容，是实现新闻传播学教材高质量发展的重要前提。本研究发现，新闻传播学教材建设的"主体任务"涉及新闻传播学教材的具体方案和工作内容，是对"应当开展哪些工作"这一问题的有效回应，是专家们讨论的焦点。经过扎根理论分析，受访者普遍认为，主体任务应包含开展深入充分的前期调研、打造架构完整的教材体系、拓展立体前沿的配套资源。

一、 摸清建设家底：开展深入充分的前期调研

在焦点小组访谈过程中，专家反复强调前期工作的重要性，开展广泛而深入的调研既是教材质量的重要保障，也是提升教材影响力的关键步骤。专家重点关注的调研内容主要包括专业布点情况、课程设置情况、教材建设基础、学生使用需求、一线教师需求等五个部分。教育学理论认为，学科决定专业，专业决定课程，课程决定教材[1]，因此，首要步骤是厘清专业布点情况，对不同层次及地域高校新闻传播学科的分布情况进行摸底，切实做到"对现有的专业设置及其存在的问题，要有全面精准的整体把握"（86—M—ZK）。在此基础上，调研课程设置情况，以确保新编写的教材与专业课程高度对应。专家们强调，"只有充分了解教材对应课程安排的课时时段、教学计划、教学大纲，编出来的教材才能符合需求，才能方便使用"（10—M—DJJ）。同时，需摸清教

---

[1] 罗云.关于学科、专业与课程三大基本建设关系的思考[J].现代教育科学，2004(5):32—34.

材建设基础，实现教材编写资源的高校整合，对我国既有的新闻传播学教材的内容主题、组织单位、编写团队、出版单位、发行渠道、选用情况、优秀成果等情况进行全面梳理，明确亟待更新和新编的教材。而后，把握学生使用需求，众多与会专家强调本学科教材建设需建立"受众思维"，尤其要关注"调研使用者的水平、使用者的习惯"（10—M—DJJ）。最后，开展一线教师调研。一线教师既可能是教材的编写者，亦是教材的使用者，应当充分调研来自不同层次和不同培养目标高校的一线教师，以丰富教材设计理念和结构内容，具体手段如"适时邀请一线教师召开座谈会或者采用其他调查研究的方法，征询教师意见"（8—M—DSG）。

二、完善教材体系：统筹考虑范围、内容和国别

高质量发展，意味着新闻传播学教材应当是由一系列教材组成的完整体系，而不能零散地建设一部或数部教材[1]。专家们普遍认为，完整的教材体系主要包含三大维度、十项基本任务。其一，从专业覆盖范围来看，应当涵盖新闻传播学下设的全部专业，优化专业核心教材，完善新兴专业教材，兼顾特色领域教材，并根据专业发展和教材现状的差异，制定专门的建设方案。对于基本建设成型的专业核心而言，"紧密配合各校平台课和必修课的基础

---

[1] 谭方正.加快建设中国特色高质量教材体系的根本遵循、核心向度与实践理路[J].中国编辑，2023(6)：4—10.

性系列教材，体现新闻传播学科最基本的知识体系，不断修订完善"（37—M—LHG）；亟待建设新兴专业教材，如"媒体融合、数据挖掘、信息可视化等相关课程已经普遍开设，需要高质量的教材与之配套"（2—M—CJY）；面对体育新闻、财经新闻、数据新闻等特色领域教材稀缺的现状，有受访专家建议"结合细分特性，组建专门团队，进行垂直分类编撰"（49—M—QYX）。

其二，从教材内容属性出发，各专业均需注重史论、业务、前沿、案例、方法等维度的细化和深入，力求完整地呈现出本领域知识的发展脉络，具体任务包括夯实学科史教材、提升理论类教材、更新案例类教材、创新实务类教材、扩建方法类教材和拓展读本类教材。学科史是学科入门的重要基础，当前我国已经形成了一批经典的新闻传播史教材，同时，有学者认为"历史方面还有可以更新的东西"（63—F—WRZ），因此在现有基础之上进行修订和完善十分必要；理论类教材的目的在于介绍新闻传播学的基本原理，搭建知识框架，在我国新闻传播学理论类教材编写中，当务之急是"编写体现中国特色的理论类教材"（76—M—YBJ）；案例类教材能够有效反映新闻传播学的成果经验，也能够最直观地反映业界趋势，受访专家们从不同侧面论证了案例类教材的重要性，"优秀案例是一个学科发展的标志性成果，是学科理论和方法创新的基础，是学科案例库建设的重要前提，必须列进书单"（37—M—LHG）；新闻传播学科脱胎于业界实践，业务类教材自学科诞生以来备受重视，随着全媒体时代的到来，业务类教材应当转向与创新，诸如"全媒体采编、国际新闻采编实务、新媒体技术应用与实务等相关实训教材"（81—M—ZXM）；方法类教材则为新闻传播学研究的开展提供助益，尤其在研究规范性不断提升的当下，有学者呼吁"新闻传播学研究方法教材十分重要，需要给予学生研究方法的专业训练"（88—M—ZMX）；而读本类教材能最忠实地呈现本学科经典著作，尤其在硕士和博士人才培养方面，读本类教材不容忽视，有专家主张"可以编一本马克思主义经典作家新闻论著导读，让学生看看马克思、恩格斯、列宁的原典，读点原汁原味的东西"（28—M—HH）。

其三，从教材语言版本来看，应注重布局多语种或多国别教材，助推文明互鉴，"打造我国新闻传播学教材多语种系列，扩大中国新闻理论界的影响力，助推中国争夺世界话语权、舆论制高点"（96—M—ZTR），同时，"也可以适当地引进一些国外的经典教材"（49—M—QYX）。

三、 拓展配套资源：整合立体化数字教育形态

新闻传播学是一门与数字化技术深度勾连的学科[1]，这种勾连不仅应当体现于研究对象之上，更应当体现为教学手段的数字化。在教育数字化转型的当下，新闻传播学教材要顺应信息化的时代潮流，积极拥抱新型媒介技术，开发立体前沿的配套资源，着力

---

[1] 张涛甫，易若彤.变革与重塑：新闻学研究的转向和未来 [J].当代传播，2021(3)：16—22.

打造数字化教材、配套相关教辅资料、开发数字化课程、建设数字化案例库、搭建教材数据库[1]。必须指出，以上五类资源的打造，需要重视课程、教材和平台间的协同作用，实现教材和教育资源的数字化转型。

首先，数字化教材具有实时性和便携性，还可以利用现代技术呈现知识点之间的关联，与纸质版教材形成有效互补，因此专家们普遍认为"要注意纸质教材与数字教材的结合"（91—M—ZZQ）。其次，成熟的教材应当与教辅资料配套，全面提升受众在教材使用中的便利感和获得感，具体形式如演示文稿（PPT）、读本、作品集等，如有学者提出"如果教材里涉及重大新闻事件，应该有一些配套的辅助教材"（92—F—ZSP）。再次，以教材为核心，积极开发数字化课程，切实做到教材和课程的互相促进和共同发展，受访专家介绍《融合新闻学》教材建设经验时提到，"《融合新闻学》除了教材本身的建设，还推出了配套的案例资源、MOOC资源、虚拟仿真教学实验资源和公众号"（40—M—LT）。同时，建设数字化案例库，注重利用数字化平台持续替换和更新前沿案例，专家28—M—HQ指出，"出版业有许多生动的案例，要进行提炼总结，形成案例库"。最后，积极搭建教材数据库，尽可能完整地吸纳新闻传播学科出现以来的所有教材，为学术研究和教材编写提供重要依据。专家58—M—TGT认为，"弄清新闻

---

[1] 曾斌，刘海溧.我国数字教材建设与应用的路径探析 [J].科技与出版，2023(2):62—68.

传播最早的教材是什么样的、每个学校做得怎么样，对非双一流的学校特别有好处"。

第五节　保障机制：以确保教材建设有序推进为抓手

保障机制是确保教材建设有序推进的制度安排和现实条件[1]，是新闻传播学教材高质量发展从构想到落地的条件保障。在本研究中，专家反复强调"保障机制"的重要性，并围绕"如何优化教材建设保障机制"展开充分讨论。扎根分析显示，新闻传播学教材高质量发展离不开五大机制的协同：强化教材建设协调机制、明确教材建设规划机制、健全教材编写机制、完善教材评审机制和拓展条件保障机制。

一、　强化教材建设协调机制：调动平台与高校的参与积极性

管理机制的高效运转有利于规范新闻传播学教材建设，进而推动新闻传播学教材高质量发展。优秀的本土新闻传播学教材，大部分是教育部和头部院校的规划教材，这与合理的教材管理机制密不可分。就新闻传播学而言，强化教材管理机制需从四个部分着手：教材基地统筹管理、专业教学指导委员会分类指导、相关院校协同监管和明确主编责任制度，通过层层管理，最终实现

---

[1] 刘学智，段立鑫.新时代教材治理现代化的路向转变[J].现代教育管理，
2021(10):77—83.

明确的权责分工。其一，充分发挥高校新闻学国家教材建设重点研究基地的平台功能，加大国家宏观调控的力度，"要发挥好国家教材建设重点研究基地的作用，集合全国权威学者专家的力量，运用团队方式，形成统编教材"（62—M—WGY）。其二，邀请专业教学指导委员会开展分类指导。新闻传播学类专业教学指导委员会是服务学科和专业发展的专门机构，要突出其在教材管理中的专业性，如91—M—ZZQ明确表示，"本科生和研究生两个教学指导委员会，应该有所作为"。其三，有专家指出，"要更大范围地调动有条件的高校参与教材建设和管理的积极性"（4—M—CPA），可见，各院校是教材编写和使用的重要单位，相关院校协同监管，既能够为编写团队提供条件保障，又能实现有效监管。其四，主编是教材编写的主要责任人，也是教材质量的把关人，在编写团队中起到核心作用。有专家提议，教材建设可以"实行主编责任制，由他们对教材的导向负责，对教材的质量负责，对教材编写的各个环节负责"（9—M—DBQ）。

二、 明确教材建设规划机制：顶层设计与分类推进并重

教材规划制度是教材体系建设的先导工作，决定着整项工作的总体目标和基本要求[1]。专家呼吁，教材规划的起点在于准确评估外部环境和内部条件，在此基础上明确教材建设的规模、种类、

---

[1] 楼才汀，白光义.大众化教育阶段的高等教育教材建设 [J].中国大学教学，2007(4):94—96.

重点、目标和工作模式等内容。具体而言，明确教材规划机制应当从加强顶层设计和分类分批推进两个部分展开。一方面，宏观的、前瞻的、系统的顶层设计，是确保教材建设工作建设理念和方向正确的前提，专家49—M—QYX明确指出，"需从教材本体到发行、评价、使用等流程深入加强顶层设计"；另一方面，教材体系建设是一项长期工程，遵循分类分批有序推进的原则，可按照需要"边建设边思考，成熟一批推出一批"（63—F—WRZ）。

三、健全教材编写机制：打造结构合理、优势突出的编写队伍

编写机制涉及新闻传播学教材编写的组织方式和协作关系，解决的是教材"由谁编写"和"如何编写"的问题。大部分受访者从自身教材编写经验出发，强调合理组织编写团队和促进组织内部协同合作的重要性，要重点关注编写团队成员年龄层次、高校分布、学科背景和工作领域，以打造优势突出的编写队伍。"新文科"视域下的新闻传播学教材呈现出更强的融合性，因此，打造健全的教材编写机制，需要围绕创新组织编写方式、组建年龄结构合理的编写团队、打通校际合作、吸纳跨学科编写力量和融合学界业界专家五个方面展开。第一，创新组织编写方式，依据教材的内容属性、使用范围和稀缺程度等，设置差异化的组织编写方式，如"国家规划教材可考虑委托与招标并举，自编教材则可以遴选或扶持培育为主"（2—M—CJY）。第二，要鼓励和重视教材编写团队建设，组建年龄结构合理的编写团队。有专家指出，

"年龄结构合理的编写团队既能激发权威专家的智囊作用，又能在'传帮带'中提升青年教师的教材编写水平，为教材再版修订提供坚实力量"（65—F—WXH）。第三，打通校际合作，体现编写团队的开放性，尽可能"让全国不同高校的教师都参与进来"（66—M—WL）。第四，吸纳跨学科编写力量，这既是打造教研共同体的重要方式，也是推动学科融合的可行手段，诚如专家所描述的"需要最大限度地整合跨学科力量，发现学科之间的交叉结构及潜藏的知识生产空间，而这便需要打造相应的教研共同体"（40—M—LT）。第五，融合学界业界专家是确保新闻传播学教材理论性和实践性有机融合的有效措施。对于具体工作方式，有学者进一步建议，"可以根据内容，适当引入业界专家参与，甚至做组织引领工作"（63—F—WRZ）。

四、 完善教材评审机制：权威审核、客观评价与试用反馈三者统一

"凡编必审"是教材建设的基本原则之一，也是落实教材是国家事权的体现[1]。众多专家提及教材评价和审核问题，他们普遍认为，教材评审机制既要关注意识形态审核，也要关注内容质量评价，不仅需要聚焦于课本本身，亦需要对教材开发过程和使用效果进行评估。完善教材审评机制是落实教材质量把关的基础，可

---

[1] 刘复兴，曹宇新.建设新时代中国特色高质量教材体系 [J]. 中国高等教育，2022(Z3):24—26.

以从组织权威审核团队、确定教材评估指标和建立试用反馈机制三个层面加以提升。首先，权威审核团队是确保教材高质量发展的重要外部力量，"应当设立验收机制和审核标准，组织专业权威进行流程管理和验收审核"（63—F—WRZ），在严格审查教材的价值导向和内容质量的同时，为教材编写提供经验指导。其次，专家55—M—TJT建议，"有必要建立科学的教材质量评估体系，建构教师与学生一体化参与的评估指标"，以此促进教材编选审用的良性循环。再次，建立试用反馈机制，以"编用结合"促进新编教材又好又快落地。相关专家认为，"正式推出前，可以选择一些学校先试用，听取教师、学生的意见和反映，逐步修改完善，再行定版"（42—M—LBJ）。

五、 拓展条件保障机制：四举并重服务教材编写工作

条件保障机制是保证教材顺利面世，并收获成效的坚实"后盾"[1]。在本研究中，受访专家重点强调了条件保障机制的重要性，并呼吁围绕新闻传播学教材本体，逐步拓展一系列条件保障机制。相关保障机制包括：编写激励机制、出版发行机制、经费保障机制和编写交流机制。其一，编写激励机制是激发新闻传播学者，尤其是中青年学者投身教材编写的核心所在。专家纷纷呼吁"促进教材建设的可持续发展，需要更高层面的机制支撑，需要全面

---

[1] 张振.新时代教材体系建设的三重逻辑：价值、理论与实践[J].课程·教材·教法,2023,43(4):34—41.

调整教材编写在职称评定和绩效考核中的比重"（63—F—WRZ）。其二，专家42—M—LBJ提出建议，"适合采取出版社搭台、著名学者专家唱戏的方式"。其三，充足的经费是教材建设得以有效开展的重要物质条件。有学者直言，"态度端正、观念重视代替不了物力、财力的支持"（76—M—YBJ），因而必须提前并持续做好物力、财力方面的工作。其四，构建开放互动的教材编写交流机制，是促进教材编写团队取长补短、快速提升的有效方式，这对于初次参与教材编写的"新手"尤为重要。这种交流互动并不局限于团队或学界内部，而应当"邀请新闻业界、政界等社会的专业人士参加，实时交流，集思广益，共同促进编写工作"（50—M—QPH）。因此，保障机制的意义在于团结一切力量，有效激发作者编写热情，促进编写团队持续进步，助推新闻传播学教材建设高质量发展。

第六节　本章小结

面对媒介技术迭代发展与世界格局演变的双重影响，新闻传播学教材建设显露疲态，较难跟上新闻传播业界的实践发展，难以满足新闻传播教育的需求，更不利于自主知识体系的构建。在此背景下，助推新闻传播学教材高质量发展成为关键解题思路。本章通过对全国知名专家的调研，将新闻传播学教材高质量发展划分为基本原则、主体任务和保障机制三个维度，回答了三大核心问题："如何确保教材服务国家重大战略""如何打造优质教材体系""如何确保教材建设有序推进"，助推新闻传播学自主知识体系构建，助力具有中国特色、中国气派和中国风格的新闻传播学建设。

参考文献

［1］《习近平新闻思想讲义(2018年版)》编写组.习近平新闻思想讲义[M].北京：人民出版社,2018.

［2］人民网.习近平在中国人民大学考察时强调 坚持党的领导传承红色基因扎根中国大地 走出一条建设中国特色世界一流大学新路[EB/OL]. (2022-04-24)[2024-04-25]. http://www.gov.cn/xinwen/2020-12/17/content_5570027.htm.

［3］习近平.高举中国特色社会主义伟大旗帜 为全面建设社会主义现代化国家而团结奋斗[N].人民日报,2022-10-26(1).

［4］习近平.在哲学社会科学工作座谈会上的讲话[N].人民日报,2016-05-19(2).

［5］人民网—人民日报.习近平在党的新闻舆论工作座谈会上强调 坚持正确方向创新方法手段 提高新闻舆论传播力引导力[EB/OL]. (2016-02-20) [2024-04-25]. http://jhsjk.people.cn/article/28136289.

［6］习近平.论坚持全面深化改革[M].北京：中央文献出版社,2018.

［7］习近平.习近平谈治国理政(第一卷)[M].北京：外文出版社,2014.

［8］习近平.习近平谈治国理政(第二卷)[M].北京：外文出版社,2017.

［9］习近平.习近平谈治国理政(第三卷)[M].北京：外文出版社,2020.

［10］习近平.习近平谈治国理政(第四卷)[M].北京：外文出版社,2022.

［11］习近平.在北京大学师生座谈会上的讲话[N].人民日报,2018-05-03(2).

［12］习近平.在教育文化卫生体育领域专家代表座谈会上的讲话[N].人民

日报,2020-09-23(2).

[13] 新华社.习近平出席全国宣传思想工作会议并发表重要讲话[EB/OL]. (2018-08-22)[2024-04-25]. http://www.gov.cn/xinwen/2018-08/22/content_5315723.htm.

[14] 中共教育部党组关于学习贯彻习近平总书记给人民教育出版社老同志重要回信精神的通知[J].中华人民共和国教育部公报,2020(12):3—5.

[15] 中共中央党史和文献研究院编.习近平关于网络强国论述摘编[M].北京:中央文献出版社,2021.

[16] 中共中央文献研究室.习近平关于社会主义文化建设论述摘编[M].北京:中央文献出版社,2017.

[17] 中共中央文献研究室.习近平关于实现中华民族伟大复兴的中国梦论述摘编[M].北京:中央文献出版社,2017.

[18] 中共中央宣传部.习近平新时代中国特色社会主义思想学习纲要[M].北京:人民出版社,2020.

[19] 中共中央党史和文献研究院.十九大以来重要文献选编(上)[M].北京:中央文献出版社,2019.

[20] 中共中央党史和文献研究院.十九大以来重要文献选编(中)[M].北京:中央文献出版社,2021.

[21] 中共中央党史和文献研究院.十九大以来重要文献选编(下)[M].北京:中央文献出版社,2023.

[22] 中共中央文献研究室.十八大以来重要文献选编(上册)[M].北京:中央文献出版社,2014.

[23] 中共中央文献研究室.十八大以来重要文献选编(中册)[M].北京:中央文献出版社,2016.

[24] 中共中央文献研究室.十八大以来重要文献选编(下册)[M].北京:中央文献出版社,2018.

[25] 中华人民共和国教育部《中国共产党教育理论与实践》编写组.中国共产党教育理论与实践[M].北京:北京师范大学出版社,2001.

[26] 国务院.中共中央 国务院印发《深化新时代教育评价改革总体方案》[EB/OL]. (2020-10-13)[2024-04-25]. http://www.moe.gov.cn/jyb_xxgk/moe_1777/moe_1778/202010/t20201013_494381.

html.

[27] 教育部.国家教材委员会关于印发《习近平新时代中国特色社会主义思想进课程教材指南》的通知[EB/OL]. (2021-07-21)[2024-04-25]. http://www.gov.cn/zhengce/zhengceku/2021-08/25/content_5633152.htm.

[28] 教育部.教育部关于印发《新时代马克思主义理论研究和建设工程教育部重点教材建设推进方案》的通知[EB/OL]. (2022-02-22)[2024-04-25]. http://www.moe.gov.cn/srcsite/A26/moe_714/202203/t20220308_605562.html.

[29] 教育部.教育部关于印发《中小学教材管理办法》《职业院校教材管理办法》和《普通高等学校教材管理办法》的通知[EB/OL]. (2019-12-16)[2024-04-05]. http://www.moe.gov.cn/srcsite/A26/moe_714/202001/t20200107_414578.html.

[30] 教育部.教育部 中共中央宣传部关于提高高校新闻传播人才培养能力实施卓越新闻传播人才教育培养计划2.0的意见[EB/OL]. (2018-09-17)[2024-04-25]. http://www.moe.gov.cn/srcsite/A08/s7056/201810/t20181017_351893.html

[31] 教育部办公厅.教育部办公厅关于印发《"十四五"普通高等教育本科国家级规划教材建设实施方案》的通知[EB/OL]. (2023-11-22)[2024-04-25]. http://www.moe.gov.cn/srcsite/A08/s7056/202312/t20231207_1093515.html.

[32] 蔡雯.媒介融合推进下的新闻教育变革/新闻传播学文库[M].北京：中国人民大学出版社,2021.

[33] 陈昌凤.中国新闻传播史[M].北京：清华大学出版社,2009.

[34] 陈丹,张文红.出版教育与研究探索与发展[M].北京：知识产权出版社,2011.

[35] 崔萍.人文主义视角下中国新时期新闻传播研究[M].武汉：武汉大学出版社,2020.

[36] 陈丽菲.媒介融合背景下的新闻传播教育[M].桂林：广西师范大学出版社,2015.

[37] 韩震.社会主义核心价值观的话语构建与传播[M].北京：中国人民大学出版社,2019.

[38] 胡百精.新时代新闻传播教育[M].北京：中国人民大学出版社,2020.

[39] 胡德才,余秀才.新媒体时代的新闻传播教育[M].武汉：武汉大学出版社,2017.

[40] 陆丹.中国新闻传播学教育研究的知识图谱[M].武汉：武汉大学出版社,2016.

[41] 迈克尔·吉本斯.知识生产的新模式：当代社会科学与研究的动力学[M].陈洪捷，沈文钦，等译,北京：北京大学出版社,2011.

[42] 唐绪军.新中国新闻与传播学研究70年[M].北京：中国社会科学出版社,2019.

[43] 托尼·比彻,保罗·特罗勒尔.学术部落及其领地[M].唐跃勤,蒲茂华,陈洪捷,译,北京：北京大学出版社,2015.

[44] 喻国明,李彪,杨雅,等.新闻传播的大数据时代[M].北京：中国人民大学出版社,2014.

[45] 张昆.新闻传播教育导论[M].北京：社会科学文献出版社,2021.

[46] Bandyopadhyay S, Bardhan A, Dey P, et al. Bridging the Education Divide Using Social Technologies[M]. Springer Press, 2021.

[47] Duggan S B. Education Policy, Digital Disruption and the Future of Work: Framing Young People's Futures in the Present[M]. Springer Nature Press, 2019.

[48] Hall F. The Business of Digital Publishing: An introduction to the digital book and journal industries[M]. Routledge Press, 2013.

[49] Runze W. A History of Modern Chinese Journalism and Communication[M]. Taylor and Francis, 2022.

[50] Simons G, Sumskaya A . Studies in Contemporary Journalism and Communication in Russia's Provinces[M]. Taylor and Francis, 2021.

[51] 艾伦·斯塔维茨基,陈昌凤,黄煜,等.后疫情时代的新闻传播教育：范式变革、理念转变与国际合作[J].中国出版,2022(1)：24—28.

[52] 蔡惠福,顾黎.关于中国特色新闻传播学术话语体系自主建构的几点思考[J].新闻大学,2013(1)：23—28.

[53] 蔡雯.论新闻传播的案例教学——兼谈案例库建设对新闻传播教育发展的意义[J].国际新闻界,2008(2):53—57.

[54] 蔡雯.论新闻教育与价值观教育的融合[J].当代传播,2021(4):45—48.

[55] 蔡雯.新闻教育亟待探索的主要问题[J].国际新闻界,2017,39(3):6—18.

[56] 陈昌凤,吕宇翔.新闻教育如何在技术主导下的颠覆性变革中创新?[J].新闻大学,2022(1):20—33+120.

[57] 陈昌凤.21世纪的新闻教育:如何培养创新型人才?[J].新闻大学,2020(9):10—21+119.

[58] 陈力丹.新闻传播学:学科的分化、整合与研究方法创新[J].现代传播(中国传媒大学学报),2011(4):23—29.

[59] 陈龙.深度媒介化趋势下新闻传播学科再定位和再调整[J].社会科学战线,2022(4):178—184.

[60] 陈卫星.管窥法国大学的新闻传播教育[J].新闻与传播研究,1998(1):34—38+93—94.

[61] 程丽红,张成良.面向中国式现代化的新闻传播教育与人才培养[J].中国编辑,2023(4):23—27+40.

[62] 程曼丽.新文科背景下的新闻传播教育[J].中国编辑,2021(2):8—11.

[63] 邓建国."求似析异,文明互鉴":建构中国新闻传播学自主知识体系的路径探析[J].南京社会科学,2024(1):110—121.

[64] 邓建国.管窥美国新闻传播院校媒介融合课程改革中的经验与教训——以南加州大学新闻系的试错为例[J].新闻大学,2009(1):50—55.

[65] 邓绍根,李兴博.百年回望:论中国新闻传播教育发展历程及其特点[J].现代传播(中国传媒大学学报),2019,41(6):155—164.

[66] 丁柏铨.习近平文化思想对新闻舆论工作的指导和引领[J].新闻界,2024(2):4—14+72.

[67] 董小玉,姚金秋.新时代新闻学教材建设论纲[J].中国出版,2018(14):11—15.

[68] 范雅琳,李剑欣.媒介融合下新闻传播学实验教材的立体化开发[J].

中国编辑 ,2018(6): 81—85.

[69] 高晓虹 , 冷爽 , 赵希婧.守正创新 : 中国特色国际新闻传播人才培养研究 [J].中国编辑 ,2022(7): 4—9.

[70] 高晓虹 , 涂凌波."实践赋能"视野下中国新闻传播教育的理念与模式创新 [J].中国高等教育 ,2022(8): 24—27.

[71] 高晓虹 , 王晓红 , 冷爽."新文科"语境下的新闻传播学科建设路径探析——以"中国新闻传播大讲堂"为案例 [J].现代出版 ,2021(1): 5—10.

[72] 高晓虹 , 赵希婧.马克思主义新闻观与新时期新闻传播高等教育 [J].中国大学教学 ,2016(12): 11—14+90.

[73] 高晓虹 , 赵希婧.守正创新 : 我国新闻传播教育理念探索与实践转型 [J].中国出版 ,2020(14): 3—9.

[74] 顾海良.理解和把握《习近平新时代中国特色社会主义思想概论》教材体系的几个问题 [J].中国高等教育 ,2024(1): 17—20.

[75] 顾海良.新时代高校哲学社会科学教材体系建设的指导思想 [J].中国编辑 ,2018(1): 4—10.

[76] 韩震.把握"变"与"不变"的节律探索新型高等教育的规律 [J].中国高教研究 ,2017(11): 4—6.

[77] 郝志军 , 王鑫.加快形成中国特色高质量教材体系——习近平总书记关于教育的重要论述学习研究之三 [J].教育研究 ,2022,43(3): 4—14.

[78] 胡百精.大学现代化、生态型学科体系与新闻传播教育的未来选择 [J].中国人民大学学报 ,2019,33(2): 132—139.

[79] 胡百精.建构新闻传播学自主知识体系 [J].新闻与写作 ,2023(3): 1.

[80] 胡翼青.中国新闻传播研究主体知识地图——基于CSSCI图书引文的分析 [J].中国出版 ,2013(19): 46—51.

[81] 胡泳 , 张艺晨.互联网时代的美国新闻传播教育改革 [J].中国编辑 ,2021(4): 90—96.

[82] 胡钰 , 陆洪磊.马克思主义新闻观教育的创新思路研究 [J].新闻与传播研究 ,2018,25(11): 5—17+126.

[83] 胡正荣 , 樊子塿.新闻传播学历史使命与自主知识体系特征 [J].青年记者 ,2023(8): 9—13+18.

[84] 胡正荣 , 王天瑞.实践 : 中国自主新闻传播学知识体系的源头与出路

[J].国际新闻界,2022,44(11): 6—24.

[85] 胡正荣,王天瑞.学术性、思想性与开放性:中国新闻传播学自主知识体系建构中的三重关系[J].新闻与写作,2023(3): 14—23.

[86] 胡正荣,叶俊.中国特色新闻学"三大体系"创新路径与自主知识体系建构[J].中国出版,2022(20): 3—10.

[87] 季为民,刘博睿.中国特色新闻学构建的十个重要问题[J].郑州大学学报(哲学社会科学版),2021,54(4):112—120+128.

[88] 雷跃捷,白欣蔓.媒体融合时代新闻传播教育应对挑战的对策研究[J].中国大学教学,2020(Z1): 86—91.

[89] 林晖,罗婷婷."拆墙"与"建墙":中国新闻学教育的再"专业化"[J].新闻大学,2022(1): 34—44+121.

[90] 林如鹏,支庭荣.习近平新闻思想:当代马克思主义新闻观的重大创新[J].暨南学报(哲学社会科学版),2017,39(7): 1—10+130.

[91] 刘超,谭方正.新时代党的创新理论推动教育出版高质量发展的战略重点和实现路径[J].中国编辑,2024(1): 4—10.

[92] 刘卫东.以科学的马克思主义新闻思想为统领完善中国特色新闻教育体系[J].中国大学教学,2016(12): 19—24.

[93] 米博华.国家事权视域下的教材建设[N].光明日报,2021-11-19(11).

[94] 米博华.负重快行的新闻传播教育如何致远?[J].新闻大学,2020(9): 1—9.

[95] 潘信林.教材评价主体之间的差异及其整合[J].课程.教材.教法,2022,42(12): 74—79.

[96] 申继亮.新时代教材建设面临的挑战、问题和趋势[J].课程.教材.教法,2019,39(9): 7—9.

[97] 苏宏元.新闻传播教育的挑战与变革[J].新闻与传播研究,2018,25(S1): 83—84.

[98] 谭方正.加快建设中国特色高质量教材体系的根本遵循、核心向度与实践理路[J].中国编辑,2023(6): 4—10.

[99] 唐丽芳,丁浩然.建构以质量为核心的教材评价体系[J].教育研究,2019,40(2): 37—40.

[100]王润,余宏亮.数字教材评价的指标体系与观测要领[J].教育研究与实验,2022(2): 77—82.

[101]王润泽,李静.中国特色新闻价值体系的基本内涵与历史构建[J].国际新闻界,2022,44(11):39—60.

[102]杨保军.当前我国马克思主义新闻观的核心观念及其基本关系[J].新闻大学,2017(4):18—25+40+146.

[103]杨保军.确立当代中国新闻理论"标识概念"的基本标准[J].新闻记者,2024(2):3—14.

[104]杨保军.全面认识当代中国新闻学的性质[J].国际新闻界,2022,44(7):6—27.

[105]尹韵公.解放思想,开拓进取,丰富和发展中国特色社会主义新闻学[J].新闻与传播研究,2009,16(1):1—2.

[106]尹韵公.论马克思、恩格斯新闻思想形成与发展的历史条件和时代背景[J].新闻大学,2021(6):11—30+121—122.

[107]张大伟,王梓,谢兴政,等.新闻学专业理论型课程教材评价指标研究[J].新闻大学,2020(12):105—117+122—123.

[108]张大伟,王梓.新闻学专业实践型课程教材评价指标体系创新研究[J].新闻大学,2021(9):1—15+116.

[109]张大伟,周彤.概念供给:自主知识体系建构的当务之急[J].编辑学刊,2023(1):6—12.

[110]张昆.高校新闻专业教材建设的误区[J].新闻与写作,2019(2):64—69.

[111]张昆,张晶晶."大实践观":对新闻传播专业实践教育的思考[J].中国编辑,2020(12):117—123.

[112]张明新.多学科交融的新闻传播教育:过去、现在和将来[J].新闻与传播研究,2018,25(S1):93—95.

[113]张树庭.新闻传播学自主知识体系建构的源头活水[J].新闻与传播评论,2023,76(1):1.

[114]张涛甫,姜华.依附与重构:试论中国自主新闻传播学知识体系建设[J].新闻与传播研究,2023,30(9):5—20+126.

[115]张涛甫,张大伟.脱嵌与回归:新闻学教材建设的意识形态考量[J].现代出版,2021(4):9—14.

[116]郑保卫.论"七个坚持"与中国特色新闻学话语体系和知识体系建构[J].当代传播,2024(2):4—10+20.

[117]郑保卫.中国特色新闻教育的经验及思考[J].现代传播(中国传媒大

学学报),2011(7): 5—7.

[118]支庭荣.马克思主义新闻观:理论视角、内在逻辑和价值关怀[J].新闻与传播研究,2022,29(1): 11—29+126.

[119]周庆安,张莉.耗散与有序:学科交叉背景下全媒体新闻传播人才培养研究[J].中国编辑,2023(Z1): 68—73.

[120]周勇.从元问题出发:中国特色新闻传播学知识体系的建构逻辑与实践进路[J].新闻与传播研究,2022,29(10): 5—16+126.

[121]周勇.面向未来,加快构建中国特色新闻学学科体系[J].中国人民大学学报,2021,35(4): 9—10.

[122]朱鸿军.ChatGPT对新闻传播系统的颠覆性重构[J].探索与争鸣,2023(5): 29—32.

[123]祝建华.大数据时代的新闻与传播学教育:专业设置、学生技能、师资来源[J].新闻大学,2013(4): 129—132.

[124]Amponsah P N, Atianashie A M. Navigating the New Frontier: A Comprehensive Review of AI in Journalism[J]. Advances in Journalism and Communication, 2024, 12(1): 17.

[125]Andrango S, Pilaquinga D I I, Share L J. Ecomedia Literacy's El Buen Vivir/Sumak Kawsay: The Practice of Care in Media Education in Latin America[J]. Enviromental communication: A journal of nature and culture, 2024, 18(1/2): 82–87.

[126]Kyle C R. Planting new fields: a renewed purpose for; Communication Education[J]. Communication Education, 2024, 73(1): 1–6.

[127]Mateja R. Parent empowerment can change media education[J]. Politics in Central Europe, 2023, 19(s1): 441–453.

[128]Olatunji O, Trifonova L P, Elana N, et al. The Inconsistency of Trauma–Related Journalism Education Goals and Instruction[J]. Journalism Mass Communication Educator, 2023, 78(2): 165–182.

[129]Sewchurran A, Hofmeyr B. A critical reflection on digital disruption in journalism and journalism education[J]. Acta Academica, 2020, 52(2): 181–203.

后　记

新闻传播学教材研究是我学术生涯起步时从未想过的一个领域。第一次接触这个领域是在 2019 年 5 月，到复旦新闻学院参加博士后面试之后，我到合作导师张大伟教授的办公室拜访他，看到他正在阅读相关文献，这算是初次照面，未曾想在进入复旦之后，新闻传播学教材研究成为我工作的主线。

由于自己过往的研究以实证范式为主，但新闻传播学教材的研究多以思辨为主，且需要全面了解国家的相关政策、制度等，回头想来，当时跨入这一研究领域颇有点"初生牛犊不怕虎"之意。五年来，我试图发挥自己在实证调研方面的优势，在学界前辈的指导下，依托高校新闻学国家教材建设重点基地，对全国的新闻传播学教材建设现状展开了系列调研，对新闻传播学教材的建设情况有了较为全面的认识，并形成了一些实证研究成果，这些认识和成果构成了本书的主要章节。当然，直到今日，我只能说自己在新闻传播学教材研究领域刚刚入门。在日常的研究工作中，我仍然需要不断努力，以期能够形成更具代表性的研究成果，能够真正助力我国新闻传播学教材建设工作。

　　本书能够顺利完成，需要感谢学院众多前辈和领导给予的指导及支持，让我有幸在有着95年悠久历史的新闻教育平台思考新闻传播学教材建设问题；感谢教材基地小伙伴们的帮助，让我能够迅速地完成繁杂的调研数据处理工作。同时，非常感谢一直以来支持教材基地工作的教材局领导、学界专家和出版社老师，让我能够采集到丰富的一手研究数据资料。此外，东方出版中心的朱荣所老师为本书的编校付出了辛勤劳动，对此我心怀感激。

谢兴政

2024 年 10 月